Fa 1.27
Simm

ATRIUM

W0191039

Einsamkeit gilt heute als eine der am stärksten unterschätzten Gefahren für die Gesundheit, als »Todesursache Nummer eins«. Wer einsam ist, heißt es, ist anfälliger für Krebs und erleidet eher einen Herzinfarkt. Was bei dieser Trenddiagnose aus dem Blick gerät: Einsamkeit ist keine Krankheit, Einsamkeit ist ein Gefühl. Wie Trauer ist sie elementarer Bestandteil des Menschseins. Der Journalist und in den Neurowissenschaften promovierte Mediziner Jakob Simmank zeigt in diesem Buch, wie die so wichtige gesellschaftliche Debatte gezielt emotionalisiert wird. Schließlich lässt sich hinter starken Emotionen viel verstecken: schlichter Kulturpessimismus, aber auch weitreichende politische Versäumnisse. Jakob Simmank offenbart, was sich wirklich hinter der »Epidemie Einsamkeit« versteckt, und zeigt Lösungswege für die eigentlichen Probleme.

Jakob Simmank

Einsamkeit

**Warum wir aus einem Gefühl
keine Krankheit machen sollten**

Atrium Verlag · Zürich

Copyright © 2020 Jakob Simmank
Originalausgabe
1. Auflage 2020
© Atrium Verlag AG, Zürich, 2020
Alle Rechte vorbehalten
Umschlaggestaltung:
Hauptmann & Kompanie Werbeagentur, Zürich
© Autorenfoto: ZEIT ONLINE
Satz: Pinkuin Satz und Datentechnik, Berlin
Druck und Bindung: GGP Media GmbH, Pößneck
Printed in Germany
ISBN 978-3-85535-107-7
www.atrium-verlag.com
www.facebook.com/atriumverlag
www.instagram.com/atriumverlag

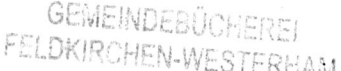

Inhalt

Einleitung

Alle haben Angst vor Einsamkeit

2013 tritt der Neurowissenschaftler John Cacioppo vor die Kameras einer TED-Talk-Sendung und spricht über die »Tödlichkeit der Einsamkeit«. Er spricht darüber, dass Menschen soziale Wesen sind, denen die Gemeinschaft Sicherheit gibt. Die Evolution habe in uns ein Bedürfnis nach Nähe und Verbindung zu anderen Menschen hinterlassen. Genau wie Hunger uns zeige, dass wir essen müssen, zeige uns das Gefühl der Einsamkeit, dass wir uns mit Menschen umgeben müssen. Einsamkeit sei ein überlebenswichtiges Signal.

Dann erscheint auf der Leinwand hinter Cacioppo ein Balken, der sich in die Höhe schraubt: Luftverschmutzung erhöht die Wahrscheinlichkeit, frühzeitig zu sterben, um fünf Prozent, schweres Übergewicht um zwanzig, viel Alkohol trinken um dreißig Prozent. Der Balken wird rot. Einsamkeit erhöht die Wahrscheinlichkeit um fünfundvierzig Prozent[1].

Inzwischen sind derartige Zahlen für viele Menschen keine Überraschung mehr. Längst liest und hört man überall, dass gefühlte Einsamkeit das Risiko erhöht, dement zu werden, Krebs zu bekommen oder einen Herzinfarkt. Sich einsam zu fühlen sei so schlimm, wie jeden Tag fünfzehn Zigaretten zu rauchen, und damit ein großes Problem für die öffentliche Gesundheit. Einsamkeit werde immer häufiger, auch das liest man. Sie sei gar zu einer Epidemie geworden, die moderne Gesellschaften heimsuche, sagen manche Forscher[2]. Sie sei kein harmloses Gefühl, das oft unangenehm ist, aber irgendwie menschlich, sondern eine psychische Störung[3] mit massiven Folgen. Der Psychiater und Bestsellerautor Manfred Spitzer, der für steile Thesen bekannt ist, machte aus der Einsamkeit kurzerhand eine Krankheit.

Ähnlich wie bei Krebs oder auch in einer Pandemie, wie wir sie gerade erleben, ist der Schritt von hier zur Kriegsmetaphorik kein weiter: »Lasst uns einen Krieg gegen Einsamkeit führen«, schrieb etwa ein Kolumnist der *New York Times*[4]. Die Einsamkeit soll am besten völlig ausgelöscht werden. Anders lässt sich auch der Name der einflussreichen britischen *Campaign to End Loneliness* nicht verstehen – genauso wenig wie Theresa Mays Äußerungen dazu.

Die damalige britische Premierministerin rief 2018 eine »nationale Mission aus, die die Einsamkeit in unserer Lebenszeit beenden soll«[5]. Sie machte aus der Staatssekretärin für Zivilgesellschaft eine Einsamkeitsbeauftragte, a Minister for Loneliness. Auf diesen Vorstoß reagierten auch deutsche Politiker. Karl Lauterbach etwa, Gesundheitsexperte der SPD, forderte einen deutschen Regierungsbeauftragten für Einsamkeit.[6] Und die Berliner CDU schlug einen Posten für die Koordinierung der Freiwilligen vor, die in der Hauptstadt einsamen Menschen helfen wollen[7]. Wissenschaftler, Medien und Politiker, so scheint es, sind sich weitestgehend darin einig, dass Einsamkeit primär eines ist: ein »Killer« (Spitzer), ein Gesundheitsrisiko, etwas, das viel Leid verursacht und deshalb bekämpft werden muss.

Im vorliegenden Buch will ich mich mit dieser Diagnose auseinandersetzen. Denn sie ist falsch und irreführend. Ich werde mich dafür zunächst auf die Suche danach machen, warum Einsamkeit krank machen soll. Dann werde ich zeigen, dass Einsamkeit eine Kehrseite hat, dass sie ein hochgradig ambivalentes Gefühl ist. In der zweiten Hälfte des Buches werde ich darlegen, dass die Debatte um Einsamkeit zu sehr auf das Individuum fokussiert und zu wenig auf die Gesellschaft.

Es ist mir wichtig zu betonen, dass es nicht darum geht, das Leid von Menschen herunterzuspielen, die sich einsam fühlen. Einsamkeit kann wehtun. Das gilt insbesondere für die ungewollte Einsamkeit, wie sie viele gerade wegen des neuen Coronavirus erleben. Ich bin aber fest davon überzeugt, dass eine falsche Einbettung und falsche Grundannahmen eine fruchtbare Debatte verhindern. Dieses Buch will deshalb vor allem eines: eine andere Perspektive auf ein gesellschaftliches Problem aufzeigen.

Kapitel 1

Wie Einsamkeit zur »Krankheit« wurde

Wer einmal Paviane im Zoo oder in der Savanne Ost-afrikas beobachtet hat, dem ist vielleicht aufgefallen: Die Primaten haben nicht nur klare Hierarchien, sondern sind auch soziale und liebevolle Wesen. Mütter nehmen ihre Kinder in den Arm, Väter spielen mit ihnen. Bis sie ein Jahr alt sind, sitzen die Pavianjungen auf dem Rücken der Mutter. Sie krallen sich mit ihren Händen im Fell fest oder umschlingen den Bauch der Mutter mit ihren Beinen, um nicht herunterzufallen. Es sind dabei aber nicht allein die biologischen Eltern, die sich um die Jungtiere kümmern. Schwestern und nichtverwandte Weibchen helfen sich gegenseitig dabei, ihre Kinder großzuziehen, und Männchen helfen, Essen zu besorgen. Das zeigt Wirkung. Je besser ein Weibchen es schafft, Beziehungen zu anderen Weibchen aufzubauen, je mehr Vertraute es gewissermaßen hat, desto größer ist die Chance, dass seine Kinder am Leben bleiben, erwachsen werden und selbst Nachwuchs bekommen[8].

Das Beispiel der Paviane ist deshalb so interessant, weil es uns etwas zeigt, das für die mit Pavianen eng verwandten Menschen genauso gilt, wahrscheinlich sogar noch stärker: Soziale Bindungen können für das Überleben elementar sein[9].

Und das hat Folgen: Wenn mehr Kinder aus Familien überleben, die besonders gut sozial integriert sind, setzen sich Gene durch, die Menschen sozialer machen. Das dürfte die Kultur des menschlichen Zusammenlebens geprägt haben, was sich wiederum auf unseren Genpool ausgewirkt haben wird. Diese Ko-Evolution von Kultur und Genen[10] hat den Menschen »ultrasozial« gemacht, sagen Biologen. Wenn der Mensch eines besonders gut kann, dann ist es, mit anderen zu kooperieren. Was abstrakt klingt, ist für das Verständnis der menschlichen Einsamkeit und ihrer möglichen Folgen essenziell.

Aber bleiben wir zunächst bei der »Ultrasozialität«. Noch stärker als Primaten sind wir Menschen auf Hilfe angewiesen, um unseren Nachwuchs (und damit unsere Gene) durchzubringen. Menschliche Kinder bedürfen besonders viel Zuneigung und Pflege, denn sie werden so unreif geboren wie die Jungen keiner anderen Säugetierspezies: Babys können zu Beginn des Lebens kaum sehen, sich nicht fortbewegen und kaum kommunizieren. Das Gehirn menschlicher Neugeborener hat einen Gutteil seiner Wachstumsschübe noch vor sich. Seine Größe wird sich im Laufe des Lebens vervierfachen[11]. Zum Vergleich: Ein Schimpansengehirn wächst gerade einmal auf die doppelte Größe an. Dass Menschen ihren Nachwuchs so unreif gebären, hat wohl einen ganz praktischen

Grund. Hätte das Gehirn des Kindes seine endgültige Größe schon vor der Geburt erreicht, würde der Kopf niemals durch das Becken der Gebärenden passen.

Dass wir Menschen auch im Verhältnis zu unserer Körpergröße so große Gehirne haben, vor allem eine sehr dicke und ausgedehnte Hirnrinde, liegt daran, dass Menschen ein äußerst »soziales Gehirn« haben, glaubt der bekannte Anthropologe Robin Dunbar. Einen Großteil unserer Hirnkapazitäten brauchen wir, um die vielen komplizierten sozialen Interaktionen zu managen, die unser Überleben sichern[12]: um den genervten Unterton des Kassierers an der Kasse herauszuhören, die drohende Körperhaltung der Chefin, die einen Bericht erwartet, zu erkennen und die richtigen Worte zu finden, um dem eigenen Sohn zu erklären, warum seine vermeintlich beste Freundin ihn nicht zum Kindergeburtstag eingeladen hat.

Dunbar betont, dass für den Menschen eine Art der sozialen Beziehung besonders wichtig ist: »intensive Formen der Paarbindungen«. Er dürfte damit enge Familienbande meinen, bedeutsame Freundschaften und von Liebe und Verständnis getragene Partnerschaften. Sich Menschen zugehörig fühlen zu wollen sei ein evolutionär geformtes Bedürfnis, schreiben auch die Evolutionspsychologen Roy Baumeister und Mark Leary[13]. Alles in uns Menschen, glauben sie, strebt darauf hin, eng in soziale Netze integriert zu sein. Kein Wunder also, dass es vielen Menschen in Pandemiezeiten so schwerfällt, Distanz zueinander zu halten.

Der inzwischen verstorbene Einsamkeitsforscher John Cacioppo verglich das Bedürfnis, sich sozial aufgehoben zu fühlen, mit dem Drang, genügend zu essen und zu trinken zu haben und Kinder zu bekommen. Genau wie Hunger und Durst, schreibt Cacioppo in seinem Buch *Loneliness*, sei auch Einsamkeit ein evolutionär altes Alarmsignal. Sie signalisiere uns, dass wir in die Gruppe zurückkehren sollen, die uns Schutz bietet – ursprünglich, das heißt zu Beginn der Menschheitsgeschichte, vor Raubtieren und vor dem Verhungern.

Viele Psychologen wie Cacioppo halten Gefühlszustände primär für etwas, das in der Evolution entstanden ist, um unser Verhalten zu lenken. Ekel hält uns von verfaulten Speisen fern und schützt uns damit vor Infektionen mit Durchfallkeimen. Die Angst vor Blut lässt uns besonders vorsichtig auf einen Baum klettern, damit wir uns ja nicht den Arm aufratschen[14]. Und Freude oder Euphorie motiviert uns, angenehme Dinge wie Sex zu wiederholen. Einsamkeit – für Cacioppo vor allem das Gefühl, von anderen Menschen isoliert zu sein – erzeuge das Bedürfnis, in den Schoß der Gemeinschaft zurückzukehren. Er schreibt:

»Das Gehirn hat sich dahingehend entwickelt, den Zustand des sozialen Körpers genauso zu überwachen wie den Zustand des physischen Körpers. So wie Schmerz als Signal dient, das uns auf Gefahren oder Schäden am physischen Körper hinweist und darauf reagieren lässt, dient Einsamkeit förmlich als Signal, das uns auf Gefahren oder Schäden am sozialen Körper hinweist und eine Antwort auf sie provoziert. [...] Das unangenehme Gefühl der Einsamkeit veranlasst uns, den Anschluss [an die Gruppe] zu erneuern, und fördert Vertrauen, Gruppenzugehörigkeit und kollektives Handeln.«[15]

Im Optimalfall passiert also Folgendes: Das Alarmsignal Einsamkeit triggert ein Verhalten, der Mensch kehrt in die Gruppe zurück, das Bedürfnis nach Verbundenheit ist befriedigt, die Einsamkeit erlischt.

Nur was, wenn das nicht geschieht, wenn die Einsamkeit chronisch wird?

Dann beginnt ein Teufelskreis, der die Wahrnehmung von Menschen verändert, sie unter Dauerstress setzt und sie im schlimmsten Falle krank macht. Denn Einsamkeit führt noch zu etwas anderem, schreibt Cacioppo. Durch ihre Funktion als Gefahrensignal schärft sie unsere Aufmerksamkeit gegenüber jedwedem Risiko – auch in sozialen Situationen. Einsame Menschen sehen die Welt wie durch einen Schleier der Negativität. Sie hören in Gesprächen jeden noch so kleinen Fetzen Kritik und messen ihm mehr Bedeutung zu als nichteinsame Menschen. Sehen sie glückliche Menschen, macht ihnen das keine Freude, es kann ihnen sogar wehtun. Einsame Menschen sehen in den kleinen Nickligkeiten des Alltags – einer Steuernachzahlung, die höher ausfällt als erwartet, oder einer Absage eines Bekannten, mit dem sie essen gehen wollten – viel schneller große Probleme: den finanziellen Ruin oder das Ende der Freundschaft. Chronisch einsame Menschen können durchaus Freunde oder einen Partner haben. Aber sie lassen sich schlechter durch deren Unterstützung trösten[16]. Wer einsam ist, verliert sein Selbstwertgefühl. Das Gefühl, mit anderen verbunden zu sein, so Cacioppo, sei wie ein Gerüst für unser Selbst: »Beschädige das Gerüst, und der Rest des Selbst beginnt zu bröckeln.«[17]

Diese verzerrte Wahrnehmung wiederum führt in eine sich selbst erfüllende Prophezeiung. Einsame Menschen schieben die Menschen von sich weg, denen sie eigentlich nah sein wollen. Weil einsame Menschen im Schnitt weniger von einem Treffen mit anderen Menschen erwarten und ihre Wahrnehmung der anderen Person negativer gefärbt ist, kommt es regelmäßig dazu, dass sie Zurückweisung erfahren. Wer einen Bekannten kritisiert oder bei einem Treffen wortkarg herummault, wird dafür natürlich keine Zuneigung bekommen[18].

Gefühlte Einsamkeit – das zu zeigen, ist Cacioppos große wissenschaftliche Errungenschaft – kann in einen Teufelskreis führen, der Menschen nur noch einsamer macht. Aber was für einen Sinn soll das Ganze evolutionär gehabt haben? Darauf hat die Wissenschaft noch keine schlüssige Antwort gefunden. Cacioppo vergleicht – einmal mehr, hier allerdings kaum überzeugend, finde ich – Einsamkeit mit

Hunger. Zwar würden Menschen, die Hunger haben, Essen suchen. Ihr Geschmackssinn aber reagiere viel sensibler auf Bitterkeit als auf Süße. Ein bitterer Geschmack zeigt, dass etwas giftig sein könnte. Auch Interaktionen mit Menschen könnten buchstäblich giftig oder nahrhaft sein. Und für die Giftigkeit hätten wir nun einmal sensiblere Antennen.

Interessanter als die Frage, warum Einsamkeit in einen Teufelskreis führt, ist aber ohnehin die Frage, welche Folgen dieser Teufelskreis hat. Eine Frage, die uns zurück zu Cacioppos TED Talk führt, in dem er zeigt, dass Einsamkeit – der rote Balken – für die Gesundheit gefährlicher sei, als ein Alkoholproblem zu haben. Wir erinnern uns: Chronisch einsam zu sein, sei so gefährlich, wie jeden Tag fünfzehn Zigaretten zu rauchen. Nur wie kann das sein?

Um die Effekte der Einsamkeit auf die Gesundheit und unser Erleben zeigen zu können, entwickelten Wissenschaftler um John Cacioppo eine einfache Skala[19]. Die drei wichtigsten Fragen, auf die man mit »so gut wie nie«, »manchmal« oder »häufig« antworten kann, lauten:

1. Wie oft empfinden Sie, dass Ihnen ein anderer Mensch fehlt?
2. Wie oft fühlen Sie sich verlassen?
3. Wie oft fühlen Sie sich von anderen isoliert?

Die Skala setzten die Forscher Hunderten von Probanden vor, Studierenden und älteren Menschen, und fragten in Telefoninterviews Tausende Menschen danach[20]. Dann untersuchten sie, was einsame von nichteinsamen Menschen unterschied. Im Laufe der Jahre trugen sie dabei allerlei zusammen. Die Ergebnisse überraschen noch heute. Einsamkeit hat ganz offensichtlich einen Einfluss auf unterschiedlichste Funktionen des menschlichen Körpers und der menschlichen Psyche, von der Impulskontrolle bis hin zum Immunsystem. Dieser Einfluss war in vielen Bereichen deutlicher, als man hätte vermuten können.

Einer der Haupteffekte der Einsamkeit ist Stress[21]. Menschen, die einsam sind, haben morgens eine deutlich größere Menge des Stresshormons Cortisol im Urin. Einsamkeit scheint die Stressachse zu aktivieren, die vom Gehirn abwärts zur Nebenniere verläuft. Der Hypothalamus, die Schaltstelle des autonomen Nervensystems im Gehirn, gibt Signale an die Hirnanhangsdrüse weiter. Die wiederum aktiviert die Nebennierenrinde, die Cortisol ins Blut freisetzt. Das hat Verschiedenes zur Folge: Der Blutzucker steigt, denn der Körper braucht in einer Gefahrensituation viel Energie; das Immunsystem wird gebremst; und viele Dinge, die der Körper normalerweise konstant tut, neues Knochengewebe aufbauen etwa, werden auf später verschoben. Auch vom Stresshormon Adrenalin[22] haben Einsame mehr im Blut. Und Studien zeigen, dass der Gefäßwiderstand steigt, ein wichtiger Marker für den Blutdruck.

Nun hat Stress per se keinen Krankheitswert, sondern ist eine normale Anpassungsreaktion auf das, was Menschen geschieht. Der Mensch, genau wie viele Tierarten, hätte sich ohne Stress auf der Erde niemals behaupten können. Immer wenn der Mensch Gefahren ausgesetzt ist, braucht er einen Tunnelblick und einen Organismus, der alle nicht lebenswichtigen Funktionen pausiert und möglichst viel Energie zur Verfügung stellt.

Erst wenn Stress chronisch wird, wird er zum Problem. Sinken die Blutspiegel der Stresshormone nicht mehr ab und bleiben Blutdruck und Blutzucker deshalb erhöht, greift das die Gefäße an. Normalerweise führt ein hoher Cortisolspiegel im Blut dazu, dass weniger Cortisol ausgeschüttet wird. Es gibt eine Art negative Rückkopplung, die verhindern soll, dass die Cortisolspiegel ins Unermessliche steigen. In einem Telefonat erklärte mir Martin Keck, ehemaliger Direktor der Klinik des Max-Planck-Instituts für Psychiatrie, vor Kurzem, dass das bei chronischem Stress irgendwann nicht mehr funktioniert: »Das Gehirn verliert die Kontrolle über die Stresshormonachse.« Es werde einfach immer mehr Cortisol ausgeschüttet. Eine mögliche Folge: Der andauernde Stress begünstigt psychische Erkrankungen wie Depressionen[23].

Studien zeigen in der Tat, dass Einsamkeit und Depression eng zusammenhängen, Einsamkeit könnte auch bei Suiziden eine bedeutende Rolle spielen[24]. Einsamkeit und depressive Störungen korrelieren statistisch so stark miteinander, dass einzelne Psychologen und Psychiater immer wieder vorbrachten, es müsse sich schlicht um ein und dasselbe Phänomen handeln. Inzwischen widersprechen viele Wissenschaftler, darunter Cacioppo, dieser Einschätzung jedoch: Zwar empfinden sowohl einsame als auch depressive Menschen Schmerzen und Hoffnungslosigkeit, schreibt Cacioppo, aber Einsamkeit zeichne sich durch »die Hoffnung aus, dass alles perfekt sei, wenn nur die einsame Person mit einer anderen Person vereint sein könne«[25]. Der einsame Mensch sucht laut Cacioppo vor allem nach einem: einer tiefen Verbundenheit mit anderen Menschen.

Studien versuchten zu verstehen, ob Depression Einsamkeit vorausgeht oder andersherum. Das Ergebnis: Einiges deutet darauf hin, dass es Einsamkeit ist, die zu Depressionen führt – auch wenn umgekehrt eine depressive Stimmung Einsamkeit verschlimmern kann. Wie genau Einsamkeit und Depression zusammenhängen – ob über den Weg des chronischen Stresses und eine freidrehende Stresshormonachse oder über den Schleier der negativen Erwartungen und ein angegriffenes Selbstbild –, ist jedoch nicht abschließend geklärt.

Das Immunsystem einsamer Menschen kann durch einen chronisch hohen Cortisolspiegel geschwächt werden[26]. Die Zahl ihrer natürlichen Killerzellen, die Viren und Krebszellen angreifen, ist tendenziell niedrig, die Konzentration gewisser Bestandteile des Blutgerinnungssystems hingegen hoch[27]. Und besonders eindrücklich greift Einsamkeit den Schlaf von Menschen an (was wiederum ebenfalls das Immunsystem schwächt). Einsame Menschen fühlen sich, obwohl sie nicht weniger schlafen, oft weniger ausgeruht. Sie schleppen sich müde durch den Tag. Einer der Gründe könnte sein, dass einsame Menschen des Nachts oft kurz aus dem Schlaf hochschrecken. Schlafforscher sagen, ihr Schlaf sei *fragmentiert*[28]. Aus evolutionärer Sicht ergibt das natürlich Sinn. Denn unsere Vorfahren, wenn sie allein übernachteten, liefen Gefahr, im Schlaf von Raubtieren oder rivalisierenden Gruppen überrascht zu werden. Ein leichter Schlaf, aus dem man schnell wieder erwacht, konnte überlebenswichtig sein.

Natürlich gibt es noch andere, ganz praktische Wege, auf denen Einsamkeit die Gesundheit beeinflusst. Diese werden wir uns später noch einmal genauer ansehen. Bleiben wir aber erst einmal bei der vorherrschenden These, die Cacioppo geprägt hat und die besagt, dass Einsamkeit sich vor allem über veränderte Körperfunktionen auf die Gesundheit von Menschen auswirkt. Eine gestörte Immunfunktion, ein erhöhter Blutdruck und Dauerstress, so stellen es sich Mediziner vor, könnten handfeste Krankheiten verursachen[29]. Und zwar nicht nur psychische wie Depressionen, sondern auch körperliche: Inzwischen zeigen Studien mit Hunderttausenden Probanden, dass einsame Menschen im Schnitt häufiger eine Alzheimer-Demenz entwickeln, häufiger schwer übergewichtig sind und erhöhte Blutfettwerte haben, häufiger Herzkreislauferkrankungen bekommen und unter Umständen sogar häufiger Krebs. Studien, die Daten aus verschiedenen Untersuchungen zusammennehmen und Millionen von Menschen über Jahre beobachtet haben, legen nahe: Einsame Menschen sterben viel früher als Menschen, die sich nicht einsam fühlen[30].

Dass John Cacioppo in seinem TED Talk den Einsamkeitsbalken rot einfärbte, scheint also berechtigt. Einiges deutet darauf hin, dass Einsamkeit schwerwiegende Folgen haben kann – zumindest, wenn man die Einsamkeit so versteht wie Cacioppo. Wichtig ist: Man muss sein Einsamkeitsverständnis nicht teilen. Warum, werden wir im nächsten Kapitel sehen.

Es ist trotzdem interessant, dass Cacioppos Arbeit so viel Aufmerksamkeit bekommen hat. Denn dass es einen Zusammenhang zwischen sozialen Beziehungen und der Gefahr, frühzeitig zu sterben, gibt, vermuteten US-amerikanische Soziologen schon Ende der Achtzigerjahre[31]. Die Debatte ist keineswegs neu. Was neu ist, ist die Einengung auf das Gefühl der Einsamkeit. Inzwischen gibt es Tausende von Studien und Zeitungsartikeln, die sich vor allem mit dem emotionalen Begriff der Einsamkeit auseinandersetzen. Es scheint so, als müsste ein wichtiges gesellschaftliches Thema erst emotionalisiert werden, bevor es die Aufmerksamkeit bekommt, die es verdient.

Mittlerweile wird seit Jahren in den USA und in England über die vermeintlichen Gefahren des Gefühls gesprochen. In Deutschland nahm die Debatte an Fahrt auf, als der Bestsellerautor Manfred Spitzer sich der Einsamkeit widmete. Spitzer ist Professor für Psychiatrie in Ulm und bekannt für angsteinflößende Bücher wie *Digitale Demenz* und *Cyberkrank*, in denen er versucht zu zeigen, dass Internet, Smartphones und Computer Kinder süchtig und dumm machen. Dass er es mit der Wissenschaft dabei nicht immer ganz so ernst nimmt, wurde vielfach kritisiert[32].

In einer Spitzer-typischen Zuspitzung heißt es auch gleich auf der ersten Seite seines 2018 erschienenen Buches *Einsamkeit*: »Einfach gesagt: Einsamkeit ist nicht ›nur‹ ein Symptom«, d. h. ein Krankheitszeichen, »sondern sie ist eine Krankheit selbst!« Bei Spitzer wird die Einsamkeit zur »Todesursache Nummer eins«, zur »ansteckenden« und »unerkannten« Epidemie.

Spätestens hier wirkt es so, als habe eine wichtige Debatte so lange an Fahrt aufgenommen, bis sie wie ein zu schnell fahrender Zug entgleist ist. Deswegen ist es an dieser Stelle wichtig, einen Schritt zurückzutreten. Was wird da propagiert? Einsamkeit, eben noch ein Gefühl, soll eine Krankheit sein? Die gefühlte Einsamkeit ist ein »Killer«? Auf den ersten Blick mögen diese Thesen richtig erscheinen. Die evolutionspsychologischen Erklärungen der Rolle der Einsamkeit sind schlüssig, und die Ergebnisse großer Studien mahnen, dass sich etwas ändern muss, wollen wir als Gesellschaft Menschen Leid ersparen. Aber wer genauer hinschaut, wird sehen, dass es so einfach nicht ist. In den nächsten beiden Kapiteln will ich genau das tun: näher hinschauen. Zunächst werden wir in Kapitel zwei nach Antworten auf die Frage suchen, die Manfred Spitzers Buch, aber auch Medienberichte aufwerfen, nämlich: Was ist Einsamkeit eigentlich genau? Dann wird es in Kapitel drei noch einmal darum gehen, was die Studien wirklich über Einsamkeit als Risikofaktor für Krankheiten aussagen – und was das mit der Gesellschaft zu tun hat.

Kapitel 2

Die gute Einsamkeit

»Die meiste Zeit ist es hier, wo ich lebe, so abgeschieden wie in der Prärie. Es ist so sehr Asien oder Afrika wie Neuengland«, schrieb der amerikanische Schriftsteller Henry David Thoreau 1850 in seinem berühmt gewordenen Buch *Walden*[33]. Thoreau hatte sich aus der kleinen Stadt Concord an einen See im Wald zurückgezogen, eine Hütte gebaut und entschieden, fortan einsam in der Natur zu leben. Er züchtete Bohnen, beobachtete Bisamratten und lauschte den Füchsen, die im Winter knirschend über das Eis nahe seines Hauses liefen. Er schreibt:

> »Ich finde es heilsam, den Großteil meiner Zeit allein zu sein. In Gesellschaft zu sein, auch in der besten, ist ermüdend und nutzt mich ab. Ich liebe es, allein zu sein. Ich habe niemals den Kameraden gefunden, der so kameradschaftlich ist wie die Einsamkeit.«[34]

Wie hätte Henry David Thoreau wohl reagiert, wenn ihm bei einem seiner Besuche im nahe gelegenen

Städtchen Concord jemand gesagt hätte, Einsamkeit sei eine Krankheit oder psychische Störung? Wahrscheinlich wäre er auf der Stelle zurück in seinen Wald gelaufen.

Und es stimmt ja auch: Die Dramatisierung, die Spitzer und andere betreiben, ist schwer zu ertragen. Von ihren Folgen, die uns noch beschäftigen werden, ganz zu schweigen. Denn natürlich ist Einsamkeit an sich keine Krankheit. Das sagt uns unsere Intuition, und das zeigt auch ein Blick auf die Definition von Krankheit. Laut dem medizinischen Wörterbuch *Pschyrembel* ist eine Krankheit eine »Störung der Lebensvorgänge in Organen oder im gesamten Organismus«. Meist lässt sich diese Störung nachweisen durch eine Mischung aus Symptomen und Befunden, aus der körperlichen Untersuchung, aus dem Labor oder aus einem Röntgenbild.

Manchmal beruht die Diagnose einer Krankheit aber auch auf dem, was eine Person erlebt oder denkt. Das ist insbesondere bei psychischen Krankheiten so. Wäre Einsamkeit ein anerkanntes psychisches Leiden, dann gäbe es jedoch diagnostische Kriterien, die anhand von Verhalten, Empfinden und Gedankengängen Gesunde von Kranken trennen.

Was ist Einsamkeit dann also? Ein Gefühl, das schwer zu definieren ist. Vielleicht ist es am ehesten ein Auf-sich-selbst-zurückgeworfen-Sein oder ein inneres Abgekapseltsein. Das kann schmerzhaft sein, aber auch befreiend. Es kann einen aufreiben oder beruhigen.

Jeder kennt das Gefühl, das Menschen gelegentlich ereilt, egal ob sie gerade allein sind oder in Gemeinschaft.

Wichtig ist: Einsamkeit ist ein Gefühl, und als solches hat sie keinen Krankheitswert. Nehmen wir ein anderes Gefühl, um das klarzumachen: Trauer. Auch Trauer ist selten ein angenehmes Gefühl. Sie kann ein Zeichen von Depression sein, wenn sie grundlos daherkommt, einen Menschen nicht mehr verlässt und mit anderen Symptomen einhergeht, wie Schwierigkeiten, morgens aus dem Bett zu kommen oder keinerlei Lust an schönen Dingen mehr empfinden zu können. Aber Trauer ist viel mehr als das. Trauer ist das, was wir nach dem Tod eines geliebten Menschen durchlaufen müssen, um überhaupt verarbeiten zu können, dass er nicht mehr da ist. Trauer kann ein Gefühl sein, das uns zur Ruhe kommen lässt, damit wir über den Verstorbenen nachdenken können. Sie kann uns für eine bestimmte Zeit von den Ansprüchen anderer abschirmen, weil sie unsere Gedanken und unser Erleben so sehr einnimmt, dass kein Platz für anderes ist. Manchen lässt die Trauer wachsen.

Es geht dabei nicht darum, Trauer – oder Einsamkeit – zu idealisieren. Trauer macht viele Menschen klein, viele Trauernde fühlen sich elend und müssen erst neu nach Sinn in ihrem Leben suchen. Aber es gilt zumindest festzuhalten: Trauer ist nicht nur ein elementarer Bestandteil des Menschseins, sondern hat verschiedenste Seiten. Und Einsamkeit? Auch die Einsamkeit ist ein hochgradig ambivalentes Gefühl.

Bevor wir ihre positiven Seiten, von denen Thoreau einige zu Beginn dieses Kapitels schon pries, näher beleuchten, lohnt sich ein kleiner Blick auf die Geschichte der Einsamkeit als Gefühl. Die Kulturhistorikerin Fay Bound Alberti, die das Zentrum für die Geschichte von Emotionen an der Queen Mary University in London mitgegründet hat, ist eine der wenigen Expertinnen für das Thema. Sie beschreibt, dass Einsamkeit für den größten Teil ihrer Geschichte weniger emotional aufgeladen war als heute[35]. Erst in jüngster Zeit, etwa in den letzten hundert oder zweihundert Jahren, sei die Einsamkeit zu einem »überwiegend negativen, rein psychischen Leiden geworden«.

Noch im 16. und 17. Jahrhundert beschrieb Einsamkeit einfach den Zustand des Alleinseins. Das verrät schon die Zusammensetzung des Wortes *Einsam-keit* (im Englischen *One-li-ness*, das zu *L-one-li-ness* wurde). Analog zur *Zwei-sam-keit* beschreibt es den Zustand des Nur-mit-sich-selbst-Seins. Einsamkeit hatte zunächst vor allem eine religiöse oder spirituelle Dimension. Von der Höhle bei Mekka, in der Mohammed seine Botschaft von Allah empfängt, bis hin zum Berg Sinai, auf dem Moses die Zehn Gebote entgegennimmt: Fast immer sind religiöse Figuren einsam, wenn sie mit Gott sprechen oder ihnen spirituelle Einsichten kommen. Auch für einfache Menschen war die Suche nach Einsamkeit eine Suche nach Gott.

Erst später, schreibt Alberti, erhielt der Begriff Einsamkeit das »ideologische und psychologische Gewicht«, das er heute hat. Sie macht dafür verschiedenste gesellschaftliche Veränderungen verantwortlich. Einerseits die Aufklärung, die betonte, dass der Mensch über *Ratio*, also Vernunft, verfüge und mündig sein könne. Plötzlich gab es alternative Erklärungen für das Verhältnis von Körper und Geist, es musste nicht mehr allein von Gott gesteuert sein. Das Selbst bildete sich als wichtigste Form der Identität heraus. Und das Selbst konnte einsam und isoliert von anderen sein.

Besonders deutlich wird das im Begriff der »Entfremdung«. Die Philosophen der Entfremdung, allen voran Karl Marx und Émile Durkheim, stellten heraus, dass die industrielle Revolution und die Modernisierung der Welt dazu geführt hätten, dass Menschen kaum noch Werte miteinander teilten und voneinander isoliert seien, schreibt Alberti. Und das habe die Meinung verstärkt, »dass Einsamkeit ein dysfunktionaler, negativer Teil der menschlichen Psyche sei«.

Als Thoreau sich in den Wald zurückzog, waren Marx' Gedanken noch neu und Durkheim nicht einmal geboren. Thoreaus Suche nach Einsamkeit folgte eher dem religiösen Ideal, auch wenn er an seinem kleinen Teich im Wald weniger Gott suchte als ein inniges Verhältnis zur Natur. Er tauschte »billige« Gesellschaft gegen eine gesteigerte Wahrnehmung und Offenheit für die Natur, die ihn umgab: von den Nadeln der Pinien bis hin zu den Regentropfen, die durch die Blätter fielen. Zwar weiß man, dass Thoreau seine Einsamkeit auf dem Papier stärker pflegte als in der Realität: Er bekam oft Besuch – seine Mutter brachte ihm regelmäßig Kuchen – und wanderte fast täglich in die Stadt[36]. Es gibt aber keinen Grund anzunehmen, dass er die Einsamkeit nicht genoss.

Und auch heute noch suchen Menschen die Einsamkeit ganz gezielt. Erst vor Kurzem stolperte ich im Internet über einen viel gelesenen Artikel der deutschen Presseagentur. Weil wegen des Coronavirus weite Reisen dieses Jahr unrealistisch erscheinen, hatte der Autor in Deutschland nach Urlaubszielen gesucht. Der Titel des Artikels: »Wo Deutschland wild und einsam ist«[37]. Menschen reisen allein, weil sie glauben, dann merken zu können, was ihnen in ihrem Leben wichtig ist. Menschen wandern den Jakobsweg, um zu sich zu finden. Sie mögen dabei anderen Pilgern begegnen, aber sind doch die meiste Zeit bei sich selbst und einsam. Auch wer Urlaub in der Wildnis oder der Natur macht, dürfte dort oftmals vor allem eines suchen: Einsamkeit.

Halten wir also fest: Die Einsamkeit muss den Menschen auch etwas geben. Es kann nicht sein, dass Menschen Einsamkeit gezielt suchen, wenn sie lediglich Gesundheitsschäden verursacht. Einige Antworten darauf, was genau dieses Etwas ist, liefern neben Werken wie *Walden* die Philosophie und die Psychologie. Der Philosoph Lars Svendsen schreibt in seiner *Philosophie der Einsamkeit*, dass einsam und allein zu sein in einen Zustand der Reflexion führen könne, in dem man der Wahrheit besonders nahe sei[38]. Etwas, das für Philosophen stets besonders interessant war und ist. Und auch Schriftsteller suchen die Einsamkeit als einen Raum der Kreativität und Inspiration.

Aber Einsamkeit ist nicht allein etwas, das Philosophen und Schriftstellern guttun kann. Einsamkeit sorgt vor allem für eines: Privatsphäre und Freiheit. Herbert Marcuse findet, sie sei »diejenige Bedingung, die dem Individuum gegen seine Gesellschaft und jenseits ihrer Stärke verlieh«[39]. Deutlich plastischer macht es Svendsen:

> »Das Privatleben bildet einen unabhängigen Raum, in dem man sich sich selbst widmen kann, in dem man auf sich reflektieren kann, in dem man sich vergessen kann oder Seiten von sich ausleben, die sonst nicht zum Ausdruck kommen. [...] Supermans Rückzugsort nennt sich die Festung der Einsamkeit, und es ist der einzige Ort, an dem er wirklich er selbst sein kann. [...] Obwohl wir keine Superhelden sein mögen, brauchen wir alle so einen Raum.«[40]

Thoreau bereitete die Einsamkeit immer wieder auf die Gesellschaft vor. Er schreibt, dass es Menschen guttäte, zwischen zwei Treffen miteinander Zeit verstreichen zu lassen. Nur so würden sie füreinander neuen Wert bekommen und sich nicht gegenseitig langweilen. Ähnliche Gedanken hat sich Karl Jaspers gemacht, in dessen Philosophie die Einsamkeit eine große Rolle spielt: »Kommunikation findet jeweils zwischen zweien statt, die sich verbinden, aber zwei bleiben müssen – die zueinander kommen aus der Einsamkeit.«[41] Für Jaspers muss der Mensch immer wieder einsam sein, damit er gut kommunizieren kann. Denn erst in der Abgrenzung zu anderen konstituiere der Mensch das eigene Ich. Psychologen sehen es ähnlich[42]. Wer einsam ist, entzieht sich den Menschen – Arbeitskollegen, Freunden, dem Partner – und den Orten – Sportverein, Schule, Büro –, die die eigene Identität mitdefinieren. Das hilft, uns Fragen zu stellen wie: Wer bin ich wirklich? Wie möchte ich sein? Und wie verändere ich etwas?

Die Idee, dass in der Einsamkeit der Charakter eines Menschen reift, ist weit verbreitet. Arthur Schopenhauer riet jungen Menschen, allein zu sein, um mit sich selbst ins Reine zu kommen. Denn mit anderen Menschen komme es doch sowieso immer zu Dissonanzen[43]. Einsamkeit zu ertragen, mache Menschen erst selbstständig und mündig, schrieb der Philosoph Odo Marquard[44]. Die Last der Einsamkeit zur Lust zu machen, das sei »Einsamkeitsfähigkeit«. Barbara Schellhammer, die die aktuelle Debatte um die Einsamkeit 2018 auf einem Psychiatrie-Kongress klug einordnete, macht das noch deutlicher[45]:

»Polare Gegensätze von Nähe und Distanz [bauen] ein Spannungsfeld zwischen den Extremen der Angst vor Einsamkeit einerseits und erdrückender Gemeinschaft andererseits auf. Einsamkeitsfähigkeit besteht darin, diese Spannung der Widersprüche nicht nur auszuhalten, sondern sie bewusst zu kultivieren, um weder in das eine noch in das andere Extrem abzugleiten. Denn beide Pole brauchen sich wechselseitig: Nur derjenige, der mit sich allein sein kann, kann auch anderen offen begegnen und nur diejenige, die gesunde Beziehungen lebt, kann auch die Einsamkeit als Kraft- und Inspirationsquelle für sich nutzen.«

Dass so viele Philosophen die Einsamkeitsfähigkeit hervorheben, hat auch damit zu tun, dass nicht nur ein Übermaß an Einsamkeit ein Problem sein kann, sondern auch ein Mangel. Svendsen und Marquard glauben, dass wir (wieder) mehr allein sein sollten[46]. Vielleicht zeigt dieses Jahr mit der Einsamkeit, die für viele Menschen aus der Coronakrise resultierte, auch genau das: Im Lockdown auf einmal auf sich selbst zurückgeworfen, werden viele Menschen gemerkt haben, dass es ihnen gar nicht so schlecht geht, wie sie vermutet haben. Trotz der Sorgen wird mancher die Absage von Terminen und Verabredungen als ganz angenehme Entschleunigung wahrgenommen haben.

Ob es einen solchen Effekt wirklich gibt, wie vielen Menschen die Einschränkung ihres Soziallebens wirklich gutgetan hat und wie lange das so bleibt, das wissen wir noch nicht. Erste Hinweise darauf aber sammelten meine Kolleginnen und Kollegen von ZEIT ONLINE. Seit Jahren kann man auf unserer Homepage mit ein paar wenigen Klicks angeben, wie es einem geht. Erstaunlicherweise zeigen die Daten unserer Nutzer (die natürlich nicht repräsentativ für Deutschland sind), dass es ihnen seit Beginn der Einschränkungen besser ging als vorher. Viele berichteten davon, dass der Stress nachgelassen habe, dass Beziehungen inniger geworden seien und Gespräche tiefsinniger. Eine Leserin schrieb: »Der Stillstand war dringend notwendig.« Ein Leser: »Es ist einfach okay, allein zu sein.«[47]

Tatsächlich zeigen Umfragen immer wieder, dass Menschen sich mehr Zeit für sich selber wünschen. *Viele* Menschen, wie die Gute-Vorsätze-Studie der DAK offenbart. Sage und schreibe die Hälfte aller Befragten gibt dort seit Jahren an, im kommenden Jahr mehr allein sein zu wollen.[48] Das zeigt eindrücklich: Zwar haben viele Menschen Angst davor, einsam oder isoliert zu sein. Gleichzeitig aber scheinen sie unter zu viel Gesellschaft und zu wenig Einsamkeit zu leiden. Wir lebten eben in einer Zeit der »totalen Geselligkeitspflicht«[49], schrieb der Philosoph Odo Marquard schon 1994. Seitdem ist viel passiert, vor allem ist die Welt um ein Vielfaches vernetzter, Smartphones und sozialen Medien sei Dank.

Smartphones und andere Devices wie Tablets und Smart Watches, auf denen wir Facebook, Instagram oder Snapchat immer zur Hand haben, tragen dazu bei, dass wir kaum noch Momente erleben, in denen wir gar nichts mehr tun. Wer bei jeder fünfminütigen Pause, an der Bushaltestelle, in der U-Bahn und an der Kasse des Supermarkts wartend, das Smartphone zückt und seine Social-Media-Feeds durchscrollt, stellt sich immer weniger seinen Gefühlen. Der Psychiater Jan Kalbitzer glaubt, dass das Konsequenzen hat. Als ich ihn zu seinem Buch interviewte, in dem er über seine Angst vor dem Tod berichtet[50], sagte er mir:

> »Es ist wichtig, dass wir einen inneren Raum dafür schaffen, Gefühle auszuhalten, und nicht sofort reagieren müssen. Ich rede das Internet ungern schlecht, aber die Möglichkeit des ständigen sozialen Feedbacks, der ständigen Affirmation, hindert uns daran. Und wenn man Gefühlen keinen Raum lässt, dann erlebt man die Dinge nicht mehr richtig, sie werden belanglos.«

Wer es hingegen schafft, Gefühle auszuhalten und zu regulieren, dessen Psyche kann Einsamkeit sogar positiv beeinflussen. Das zeigt eine Übersichtsarbeit der Psychologen Christopher Long und James Averill. Sie trugen Literatur über Einsamkeit zusammen, die zeigt, dass das Gefühl unserer Psyche guttun kann[51]. Dass uns Einsamkeit kreativer, freier und spiritueller machen kann, haben wir bereits gesehen. Einsamkeit kann uns aber auch helfen, uns weniger stark selbst wahrzunehmen, schreiben Long und Averill. Man muss sich das so vorstellen: Wer in Gesellschaft ist, nimmt sich ständig auch von außen wahr, als jemand, der von anderen gesehen wird. Wer hingegen allein oder einsam ist, der hört damit irgendwann auf. Wer einsam in einer Galerie ein Gemälde betrachtet, sieht nur das Bild und kann sich darin vertiefen. Kommt jedoch ein Mensch dazu, der die (innere) Einsamkeit durchbricht, verändert sich die Perspektive. Der Schauende sieht nicht mehr nur das Bild, sondern auch sich selbst. Etwas, das die beiden Psychologen »störendes Selbstbewusstsein« nennen[52].

Besonders eindrücklich zeigen sich die positiven Auswirkungen der Einsamkeit vielleicht bei Menschen, die einen Winter in der Antarktis verbringen. Vor rund dreißig Jahren überwinterte eine Psychologie-Doktorandin mit achtundsiebzig Männern auf der US-amerikanischen McMurdo-Station und befragte die Männer fortwährend nach ihrem Befinden. Die McMurdo-Station ist die größte Forschungsstation der Antarktis und schmiegt sich an einen Berg auf der Ross-Insel. Im Sommer ist hier einiges los, im Winter aber wird es noch immer sehr ruhig. Sieben bis acht Monate ist die Sonne gar nicht oder kaum zu sehen, die Durchschnittstemperaturen liegen unter minus zwanzig Grad Celsius, ein eisiger Wind weht. Anfang der Neunziger, als die Psychologin Donna C. Oliver dort ihre Forschung machte, gab es im Winter kein frisches Obst und Gemüse, nicht einmal Post erreichte die Station, denn der Flugverkehr wurde eingestellt.

Oliver beobachtete, dass die Stimmung der Männer zu Beginn des Winters, nachdem die restlichen siebenhundert Besucher der Station abgereist waren, zunächst deutlich stieg. Im Laufe der Saison fiel sie, vor allem in den Monaten und Wochen vor der Ankunft des ersten Flugzeugs nach der Winterpause. Viele der Bewohner vertrauten Oliver an, dass sie gelangweilt seien, Heimweh hätten, nicht gut schliefen, sich nicht konzentrieren könnten und sich schlapp fühlten. Erstaunlicherweise aber zeigten verschiedene psychologische Tests, dass die Psyche der Männer gesund blieb und manches krankhafte Zeichen gar verschwand. So waren die Bewohner der Antarktisstation zum Ende ihres Aufenthalts weniger sensibel für die Meinungen anderer, machten seltener ihre Mitmenschen für ein Problem verantwortlich und fühlten sich weniger abhängig von ihnen[53]. Sie wurden, schreibt Oliver, »selbstständiger und vertrauensvoller«. Außerdem wurde ihnen klar, wie wichtig ihnen Intimität und Nähe zu Menschen sind. Der Großteil der Überwinterer zog deshalb – trotz der Schwierigkeiten und harschen Bedingungen – ein sehr positives Fazit: Siebzehn von neunundzwanzig nach dem Winter noch einmal Befragten sagten, der antarktische Winter sei eine der besten Erfahrungen ihres Lebens gewesen, weitere zehn hielten die Erfahrung zumindest für gut.

Halten wir kurz inne: Der schnelle Ritt durch die Philosophie und Psychologie der Einsamkeit zeigt, dass Einsamkeit durchaus positiv empfunden werden kann und damit insgesamt ein sehr ambivalentes Gefühl ist. Die Philosophin Barbara Schellhammer beschreibt den einsamen Menschen als einen, der »zwischen den Extremen der stillen Verzweiflung und dem freien Aufatmen schwingt«. Die meisten Menschen dürften die positiven Seiten der Einsamkeit schon einmal selbst erlebt haben: Sei es, dass ein Problem nach einer langen Wanderung plötzlich viel kleiner erscheint, oder, dass man – nachdem das laute Summen der Geselligkeit einen wochenlang davon abgehalten hat – endlich eine wichtige Entscheidung fällen kann. Doch derartige positive Seiten der Einsamkeit werden in der aktuellen Diskussion, die sich um die Schlagwörter »Krankheit« und »Epidemie« dreht, fast vollständig ignoriert.

Auch die eingangs erwähnte Kriegsmetaphorik ist vor diesem Hintergrund Irrsinn. Dagegen, dass Krebs ausgemerzt wird oder ein Krankheitserreger ausgelöscht, dürfte niemand etwas haben. Doch die Einsamkeit besiegen zu wollen, dagegen sollten alle etwas haben, die bei Verstand sind.

Letztlich ist die Einsamkeit tatsächlich auch nichts, was wir einfach »beenden« oder »auslöschen« *können*. Sie ist ein Teil des Menschseins. Wir werden einsam geboren, sterben einsam und werden immer wieder im Leben Phasen der Einsamkeit erleben. Einsamkeit ist dabei nicht allein, einen anderen Menschen zu vermissen, also ein Entzug von menschlicher Nähe, schreibt Schellhammer. Nein, Einsamkeit sei tief in uns angelegt. Wir seien an unser Selbst gefesselt und »in unserer eigenen Haut, in unserer Geschichte, in unserer Sprache, in unserer Herkunft«[54] gefangen. Zwar können wir Brücken zum Geiste anderer schlagen, aber sie werden immer asymmetrisch bleiben.

Einsamkeit hat nur bedingt etwas damit zu tun, welche oder wie viele Menschen uns umgeben. Eine verheiratete Mutter kann sich inmitten eines erfüllenden Berufslebens und eines Privatlebens mit Partnerschaft einsam fühlen. Auf der anderen Seite muss ein Fünfundneunzigjähriger, dessen Frau und Freunde verstorben sind, der aber zufrieden auf sein Leben zurückblickt, nicht unter Einsamkeit leiden.

Überhaupt lässt sich auch aus evolutionärer Sicht darüber streiten, ob es ein Vorteil ist, wenn das Individuum so ganz und gar in der Gemeinschaft aufgeht. Natürlich ist die evolutionspsychologische Sicht von John Cacioppo schlüssig, die sagt, dass Einsamkeit ein Warnsignal sei. Genauso gut aber könnte es evolutionäre Vorteile gehabt haben, gelegentlich allein zu sein. Christopher Long und James Averill etwa glauben:

> »Einsamkeit hat Vorteile, auch wenn diese von soziobiologisch orientierten Theoretikern nahezu vollständig ignoriert wurden. Die Gruppe bietet Schutz vor Raubtieren, sie macht aber das Verstecken schwieriger und damit die Jagd der Raubtiere einfacher [...]. Außerdem ist auch das Leben

in der Gruppe bereits eine Quelle von Stress, zum Beispiel, weil Gruppenmitglieder um einen Platz in der Hierarchie kämpfen. Diese Liste könnte unendlich fortgesetzt werden.«[55]

Der Mensch ist seiner Natur nach höchstwahrscheinlich nicht allein darauf aus, immer im Schutze der Gemeinschaft zu sein und zu kooperieren. Er will auch konkurrieren, andere dominieren – und gelegentlich allein sein, um die eigenen Ziele durchzusetzen und keine Kompromisse eingehen zu müssen[56].

Und noch etwas stört an der aktuellen Debatte. Gerade weil Einsamkeit ein so ambivalenter Begriff ist, der so vieles umfasst, muss man bei der Wortwahl aufpassen. Oft genug aber geschieht das nicht. Wenn in englischsprachigen Zeitungen, im Fernsehen oder in wissenschaftlichen Veröffentlichungen von *Loneliness* die Rede ist, dann muss man das zwar mit *Einsamkeit* übersetzen (was auch ich getan habe). Nur bleibt dabei auf der Strecke, dass es im Englischen außerdem das Wort *Solitude* gibt, das genauso *Einsamkeit* (manchmal auch schlicht Alleinsein) bedeutet, aber deutlich positiver besetzt ist[57]. Die Ambivalenz von Einsamkeitsempfindungen wird im Englischen also größtenteils durch das Begriffspaar *Solitude – Loneliness* aufgefangen. Und *Solitude* steht nicht im Verdacht, Gesundheitsprobleme zu provozieren. Ohne diese Differenzierung, die kaum jemand, der wissenschaftliche Studien aus dem Englischen heranzieht, macht, passiert vor allem eines: Das Bild, das viele Menschen von der Einsamkeit haben, färbt sich immer negativer.

Erheblichen Anteil daran dürfte die psychologische Forschung haben. Denn oft, wenn Psychologen in Deutschland Einsamkeit quantitativ erfassen, nutzen sie die UCLA Loneliness Scale. Und diese Skala fragt ausschließlich nach den Schattenseiten der Einsamkeit. Probanden, die die Fragebögen ausfüllen, werden gefragt, ob sie Aussagen zustimmen wie: »Ich habe keinen Freundeskreis«, »Meine Freundschaften sind oberflächlich« oder »Ich habe niemanden, an den ich mich wenden kann«. Dass viele Psychologinnen und Psychologen, die mit diesen Daten arbeiten, betonen, dass Einsamkeit als solche krank macht, ist absolut irreführend. Was sie eigentlich sagen müssten: Wenn sie chronisch wird, kann die von Verzweiflung geprägte, negative Seite der Einsamkeit krank machen. Aber leider – um es etwas polemisch zu sagen – ist eine solche Aussage weit weniger beeindruckend. Ob Einsamkeit krank macht, hängt also entscheidend davon ab, wie man sie definiert.

Doch das ist nicht das einzige Problem mit der Rezeption der Forschung rund um die Einsamkeit. In der Debatte um die Folgen der Einsamkeit werden regelmäßig sehr unterschiedliche Phänomene unter dem Begriff subsumiert. Immer wieder heißt es in diesem Zusammenhang zum Beispiel, die Zahl der Menschen, die allein wohnen, habe sich in den vergangenen Jahrzehnten vervielfacht, so als sei das ein klares Anzeichen, dass wir es mit einem Problem zu tun haben. Wer jedoch genau hinschaut, stellt fest: Allein zu wohnen und einsam zu sein, hängt nur sehr bedingt zusammen[58]. Viele Menschen, die in Single-Haushalten leben, fühlen sich nicht besonders einsam. Nichtverheiratete (die besonders oft allein wohnen) haben sogar öfter Kontakt zu Freunden und Familie als verheiratete Menschen[59].

Das Alleinwohnen ist also wirklich ein schlechter Indikator für Einsamkeit. Wer ernsthaft über eine vermeintliche Einsamkeitsepidemie sprechen will, sollte sich andere Indikatoren suchen. Doch auch viele experimentelle Studien, die Autoren wie Spitzer heranziehen, helfen kaum weiter. In manchen Studien untersuchten Forscher etwa, wie unterschiedlich gut Menschen Stress verarbeiten, je nachdem, ob sie in einem Zeitraum von zehn Tagen viel oder wenig mit Menschen zu tun hatten, die sie unterstützten[60]. In anderen Studien wurden Probandinnen und Probanden in einem Kernspintomografen untersucht, während sie auf einem Computer ein Ballspiel mit zwei anderen spielen sollten. Ihnen wurde erzählt, die Mitspieler seien andere Menschen in anderen Kernspintomografen, obwohl sie eigentlich nur mit dem Computer spielten. Später im Experiment wurden sie dann von den anderen beiden vermeintlichen Spielern ausgeschlossen[61]. Was eher nach sozialer Unterstützung im ersten Fall und Mobbing, sozialer Zurückweisung oder Demütigung im zweiten klang, war für Spitzer Einsamkeit.

Dieses Vermengen verschiedenster Konstrukte und Studienaufbauten ist nicht nur aus wissenschaftlicher Sicht problematisch. Denn wer nicht genau ist, der kann sich aus einer Vielzahl an Daten und Untersuchungen diejenigen heraussuchen, die zu seiner (mitunter starken) These passen. Wer etwa die Definition von Einsamkeit nur weit genug fasst, wird am Ende schon Studien finden, die zeigen, dass Einsamkeit per se ein Problem sei. Mit der Einsamkeit lässt sich dann gut Meinung machen – etwa gegen die Individualisierung, die moderne Welt oder die sozialen Medien. Dass das bereits passiert, werden wir in Kapitel vier noch sehen.

Bleiben wir vorerst bei dem, was wir wirklich wissen, und fassen kurz zusammen: Einsamkeit ist ein Gefühl und keine Krankheit. Und als Gefühl ist es ambivalent. Die Einsamkeit hat ohne Zweifel ihre Schattenseiten. Einsam zu sein kann aber für Menschen auch gut und wichtig sein, zum Beispiel, um innerlich zu wachsen. Vor allem aber ist Einsamkeit eine Erfahrung, die existenziell mit dem Menschsein verbunden ist. Als negativ empfundene Einsamkeit, besonders dann, wenn sie nicht mehr vorübergeht und Menschen tagein, tagaus gefangen hält, kann sie einen Effekt auf die Gesundheit haben. Diese Form der Einsamkeit (das englische *Loneliness*) scheint Krankheiten wie Herzinfarkte zu begünstigen und Menschen sogar früher sterben zu lassen – das zeigen Studien mit Abertausenden Personen. Was diese Studien allerdings auch zeigen: Schwerer als die gefühlte Einsamkeit dürfte noch etwas anderes wiegen, nämlich die objektive soziale Isolation. Das wird das nächste Kapitel zeigen.

Kapitel 3

Einsam oder sozial isoliert?

Grün-braune Hügel, stille Seen, an deren Ufern riesige Herrenhäuser stehen, Schafe, windige Straßen, Natursteinmauern und von der Sonne erleuchtete Wolkenfetzen. Die Landschaft Cumbrias, einer Grafschaft im äußersten Norden Englands, ist voller Anmut. Das Leben für viele Menschen aber ist von etwas anderem geprägt: von Mangel und Isolation. Cumbria ist eine der ärmsten Gegenden Großbritanniens und mit am stärksten von den seit 2010 anhaltenden Sparmaßnahmen der Regierung betroffen. Im Rahmen der sogenannten Austerität sanken die Zuschüsse aus Westminster von jährlich rund hundertachtzig Millionen Euro auf sechzehn Millionen im Jahre 2019, 2021 werden sie ganz auslaufen.

Wer einmal auf dem Land gewohnt hat, weiß: Busse sind die Lebensadern verlassener Gegenden. Auch in Cumbria *waren* sie es. Denn es dauerte nicht lange, bis die Lokalregierung nach dem Beginn der Austerität an den Bussen zu sparen begann. Sechzig Prozent der Busverbindungen verschwanden aus den Fahrplänen. Für den siebenundsiebzigjährigen Trevor

Robinson ist das eine Katastrophe. In der *New York Times*[62] erzählt Robinson, Landschaftsgärtner in Rente, wie er früher häufig mit dem Bus in die nächste Stadt Carlisle fuhr. Dort kaufte er ein, warf im Pub ein paar Dartpfeile und traf sich mit seinem besten Freund Billy, um Karten zu spielen und Fernsehen zu gucken. Danach fuhr er zurück. Seitdem 2014 die Subventionen für Busunternehmen gestrichen wurden, fährt Robinson nicht mehr nach Carlisle. Er sitzt zu Hause, tagein, tagaus, ganz allein. »Ich fühle mich einsam, sehr einsam, und mir ist langweilig«, sagte er der *New York Times*-Reporterin unter Tränen.

Trevor Robinsons Geschichte macht uns auf etwas aufmerksam, das für die Diskussion um Einsamkeit enorme Bedeutung hat. Oft ist es nicht das Innenleben eines Menschen – seine psychische Disposition, seine Mutlosigkeit oder seine sozialen Ängste –, das darüber entscheidet, ob er einsam ist. Häufig sind es schlicht sein Umfeld und seine soziale Situation.

Und diese beiden Faktoren entscheiden zusätzlich nicht nur mit darüber, wie sozial isoliert ein Mensch ist, sondern beeinflussen auch, ob er gesund bleibt oder krank wird. Der Rest dieses Kapitels und das nächste Kapitel werden zeigen, warum das so ist – und was das für die Debatte um die Einsamkeit bedeutet.

Behalten wir Robinsons Geschichte für einen Moment im Hinterkopf, während wir einen erneuten Blick auf die Studien werfen, die zeigen, dass einsam sein ein

Gesundheitsrisiko ist. Deren Aussage war, dass sich chronisch einsam zu fühlen für die Gesundheit so gefährlich ist, wie zu rauchen oder schwerst übergewichtig zu sein[63]. Die Psychologin Juliane Holt-Lunstad hat einige dieser Studien durchgeführt. Vor allem aber hat sie Daten aus mehr als eintausend fremden Studien gesichtet und letztlich die Daten von siebzig zusammengeführt. Interessanterweise ging es Holt-Lunstad dabei jedoch nicht nur darum, ob chronische Einsamkeit krank machen könne. Sie versuchte auch zu verstehen, wie subjektiv erlebte Einsamkeit (auch hier: ihre Schattenseite) und das objektiv messbare soziale Netz eines Menschen auf seine Gesundheit wirken. Sie ging also der Frage nach, was kränker macht: wie einsam sich ein Mensch *fühlt* oder wie objektiv isoliert er ist, also wie wenig soziale Kontakte und Unterstützung er hat.

Dass soziale Isolation und Einsamkeit zusammenhängen, ist klar. Wer wenige Freunde hat, fühlt sich im Schnitt einsamer. Der Zusammenhang ist, so allgemein betrachtet, aber nicht sehr stark[64]. Viele Menschen sind sozial isoliert, aber nicht einsam, oder sozial sehr gut eingebunden und trotzdem einsam. In Kapitel zwei kam das schon einmal kurz zur Sprache: Menschen mit vielen sozialen Kontakten können sich einsam fühlen, zum Beispiel, weil sie etwas, das ihnen viel bedeutet, nicht mit ihnen teilen können. Eine Erfahrung, die zum Beispiel viele queere Menschen machen müssen. Und selbst ungewollt isolierte Menschen müssen nicht zwangsläufig einsam sein, wie im

Beispiel des Fünfundneunzigjährigen, dessen Frau und Freunde verstorben sind, der aber zufrieden auf sein Leben zurückblickt.

Aber zurück zur Frage, was denn nun kränker macht. John Cacioppo war stets davon überzeugt, dass es weniger auf die Zahl der sozialen Kontakte und die Strapazierfähigkeit des sozialen Netzes ankommt als auf die gefühlte Einsamkeit (wohlgemerkt ist hiermit die rein negative Form der Einsamkeit gemeint, die, wie wir gesehen haben, dem komplexen Gefühl nicht gerecht wird). In seinem Buch *Loneliness* schreibt Cacioppo: »Es war *einzig* das subjektive Gefühl der Einsamkeit – nicht der Mangel an objektiver sozialer Unterstützung –, der depressive Symptome, chronische Krankheiten und erhöhten Blutdruck voraussagte.«[65] Den Daten, auf die er sich vor mehr als zehn Jahren berief, stehen inzwischen aber deutlich bessere Analysen entgegen, nämlich die von Juliane Holt-Lunstad. Und ihre Analysen zeigen: Cacioppos Aussage stimmt nicht, tendenziell ist sogar das Gegenteil der Fall[66].

Wie strapazierfähig das soziale Netz eines Menschen war und wie viel soziale Unterstützung er erhielt, wirkte sich in Holt-Lundstads Untersuchung stärker auf die Gesundheit aus als die gefühlte Einsamkeit[67]. Den stärksten Einfluss auf Sterblichkeit hatte, ob Menschen objektiv sozial isoliert waren. Wer sozial isoliert ist, hat demnach beispielsweise ein höheres Risiko, eine Herzkreislauferkrankung zu bekommen, als jemand, der gut integriert ist[68].

Wer sozial isoliert ist, hat aber eben offenbar auch ein höheres Risiko als ein Mensch, der sich primär einsam fühlt. Ein weiterer Hinweis darauf, dass ein fehlendes soziales Netz als gesundheitliches Risiko schwerer wiegt als die gefühlte Einsamkeit: In Studien, in denen die Wissenschaftler versuchten, das soziale Netz eines Menschen besonders genau zu erfassen (Ist jemand verheiratet? Wie viele Freunde hat er? Wie oft trifft er sie?), also verschiedene Aspekte seines Soziallebens beleuchteten, zeigte sich ein besonders starker Zusammenhang zu Gesundheitsproblemen.

Was Gesundheit angeht, sollten wir demnach nicht das Gefühl der Einsamkeit in den Blick nehmen. Stattdessen sollte unsere Aufmerksamkeit der messbaren objektiven sozialen Isolation gelten. Einerseits, weil soziale Isolation sich allem Anschein nach negativer auf die Gesundheit auswirkt als gefühlte Einsamkeit. Andererseits – was nicht weniger wichtig ist –, weil Gefühle eine Privatsache sind. Einsamkeit ist etwas zutiefst Privates, und das ist auch gut so. Dass Politiker wie Theresa May und Karl Lauterbach trotzdem das Gefühl der Einsamkeit bekämpfen wollen, weckt unangenehme Assoziationen: Es erinnert an die roboterhaften Menschen aus *Schöne neue Welt*, die täglich ein Medikament nehmen, das ihren Gefühlshaushalt ausbalanciert.

Sehr treffend beschreibt mein Kollege David Hugendick, wie übergriffig die Idee ist, der Einsamkeit zu Leibe zu rücken. Er schreibt, man könne keiner freien Gesellschaft ein »Durchgriffsrecht auf den Seelenhaushalt [der] Bürger wünschen«. Und malt sich aus, wie denn die Antwort der Politik auf das Gefühl der Einsamkeit überhaupt aussehen solle: wie ein »Sonder-Einsamkeits-Kommando, das die Tür eintritt und sich mit Knabbereien und Brettspielen in die Wohnung setzt, falls man sie selbst zu lange nicht verlassen hat«[69].

Bei sozialer Isolation hingegen ist das anders. Die Gesellschaft und die Politik können großen Einfluss darauf nehmen, wie sozial isoliert Menschen sind, ohne dabei in ihr Privatleben eingreifen zu müssen. Das Beispiel von Trevor Robinson, der im Nirgendwo des englischen Cumbria wohnt, macht das deutlich. Dass er nicht mehr unter Menschen kommt und seinen besten Freund nicht mehr sehen kann, hat den einfachen Grund, dass kaum noch Busse fahren. Die soziale Isolation von Robinson ist auf eine banale politische Entscheidung zurückzuführen: Sparmaßnahmen.

Nimmt man diesen Blickwinkel auf die vermeintliche Einsamkeitsepidemie ein, betrachtet man sie also durch die Brille des Sozialen, landet man bei Erkenntnissen, die nicht neu sind: Herkunft und soziales Umfeld entscheiden maßgeblich darüber, wie gesund ein Mensch ist. Bevor wir uns das noch einmal genauer ansehen, bleibt noch eine Frage zu klären: Wieso macht soziale Isolation krank? Oder, etwas konkreter: Warum sterben Menschen früher, die auf Fragen wie »Wie viele Freunde haben Sie, die Sie anrufen können, wenn Ihnen etwas wirklich Schlimmes zustößt?« mit *keine* antworten müssen und zudem noch allein wohnen[70]?

Dafür gibt es ganz praktische Gründe: Wer allein wohnt und einen Schlaganfall hat, schafft es vielleicht nicht mehr zum Telefon, um einen Arzt zu rufen, und stirbt unentdeckt in der Wohnung. Ganz anders, wer in einer Partnerschaft lebt. Ein Partner oder eine Partnerin kann aber nicht nur im Notfall helfen, sondern auch einkaufen gehen oder etwas Gesundes kochen, wenn man krank ist. Partner, Freunde, Verwandte, Nachbarn oder Kollegen motivieren auch dazu, zum Arzt zu gehen oder Sport zu machen. Sie helfen, Informationen über eine Krankheit zusammenzutragen, oder dabei, einen Widerspruch zu schreiben, wenn die Krankenkasse eine Reha abgelehnt hat. Sie unterstützen Menschen bei wichtigen Entscheidungen bezüglich der eigenen Gesundheit, wie etwa der Frage, ob jemand das Risiko einer Hüftgelenks-OP noch tragen möchte, obwohl er schon über achtzig ist. Außerdem stellen funktionierende Netzwerke im Zweifelsfall Ressourcen zur Verfügung. Verwandte besorgen Geld, wenn der Ehemann nicht arbeiten kann, weil er seine Frau pflegen muss, oder jemand fährt einen Freund, der kein Auto hat, ins Krankenhaus. All das nennt sich soziale Unterstützung[71].

Überhaupt: Jemanden zu haben, mit dem man über Probleme sprechen kann, führt zu einem besseren Umgang mit Konfliktsituationen. Und es gibt

Menschen das Gefühl, stark zu sein und schwere Situationen besser durchstehen zu können. Gruppen setzen zudem Normen. Das kann dazu führen, dass Leute aufhören zu rauchen (manchmal führt es auch zum Gegenteil), mehr Sport machen und Vorsorgeuntersuchungen in Anspruch nehmen. Und dann ist da noch die Sache mit den sozialen Rollen: Kollegin, Opa, Freund, Kassenvorstand beim lokalen Naturschutzbund oder Schützenverein. Das soziale Netzwerk gibt den Menschen Rollen, was viele Menschen zufrieden macht. Soziale Rollen geben Lebenssinn und verorten einen in der Welt, sagen Psychologen. Das alles macht Menschen nicht nur zufriedener, sondern wirkt sich auch auf den Körper aus. Soziale Netzwerke führen dazu, dass Menschen weniger psychische Probleme haben, weniger Stress empfinden, dass ihr Immunsystem besser funktioniert – und dass sie sich weniger einsam fühlen[72].

Forscher glauben, dass all das zusammen – die handfeste soziale Unterstützung, Normen zum Gesundheitsverhalten und das Abpuffern schwieriger Situationen durch Freunde und Familie – sozial gut integrierte Menschen besser altern und deshalb später sterben lässt.

Diese Idee, das mag etwas überraschen, ist keineswegs neu. Sie ist sogar viel älter als die Debatte um die Einsamkeit, die wir erst seit einigen Jahren intensiv führen. Seit den Siebzigerjahren wiesen Mediziner und Soziologen darauf hin, dass Menschen mit einem schlechten sozialen Netz womöglich psychisch und körperlich kränker sind[73]. Sie sahen sich in der Tradition von Émile Durkheim. Der hatte schon 1897 am drastischen Beispiel des Suizids gezeigt, dass die psychische Gesundheit von Menschen von ihren Lebensumständen abhängt. Alleinstehende etwa begingen Durkheims Untersuchung zufolge häufiger Suizid als Verheiratete[74] – etwas, das wohl noch heute so ist[75].

Später geriet dann auch die körperliche Gesundheit in den Blick der Forscher. Der Vergleich mit dem Zigarettenrauchen, der die aktuelle Debatte um die Einsamkeit stark geprägt hat, stammt aus den Achtzigern[76]. Damals sammelten Soziologen erstmals wirklich systematisch die Studien zusammen, die zeigten, dass sich das soziale Netzwerk radikal auf die Gesundheit auswirken kann. Nur war damals eben noch nicht von Einsamkeit die Rede, sondern von der objektiven Isolation von Menschen.

Ein genauerer Blick auf die Studien zeigt uns also: Dauerhafte soziale Isolation zählt am ehesten zu dem, was Mediziner »soziale Determinanten von Gesundheit« nennen. Sie ist ein Lebensumstand, der Menschen krank machen kann. So wie eine defekte Kanalisation oder ein Leben an der Autobahn, so wie ein niedriger Bildungsstand und ein geringes Einkommen. Dass derartige Lebensumstände massiven Einfluss auf Krankheit und Lebenserwartung haben können, ist nichts Neues. Spätestens seit den Sechzigerjahren suchen Mediziner und Soziologen systematisch nach derartigen Determinanten.

Natürlich wusste man damals schon, dass sich harte Arbeitsbedingungen, wie etwa im Kohlebergbau, und absolute Armut, die mit Hunger einhergeht, negativ auf die Gesundheit auswirken. Dass aber soziale Unterschiede jenseits solch elementarer Dinge auch einen Einfluss auf die Gesundheit haben, fand man erst jetzt langsam heraus. Entscheidend dafür waren die sogenannten Whitehall-Studien. Whitehall ist eine Straße in London, in der ein Gutteil der britischen Regierung angesiedelt ist. Zehntausende britische Staatsangestellte gehen hier ihrer Arbeit nach. Die Whitehall-Studien, die 1967 begannen, untersuchten Tausende von ihnen über einen längeren Zeitraum hinweg[77]. Eigentlich wollte man herausfinden, was klassische individuelle Risikofaktoren für bestimmte Erkrankungen, unter anderem Herzerkrankungen, sind. Erstaunlicherweise aber zeigte sich: Die Angestellten, die auf unteren Stufen der Hierarchieleiter des britischen Staatsdienstes standen, wurden viel häufiger krank. Einfaches Büropersonal und Dienstboten der gleichen Altersgruppe waren zehn Jahre nach Beginn der Studie mehr als doppelt so häufig an Herzkreislauferkrankungen gestorben wie leitende Angestellte der Verwaltung.

Das war ein schockierendes Ergebnis. Und es warf viele Fragen auf. Immerhin hatte auch das einfache Büropersonal alles, was es vermeintlich brauchte: ein stetiges Einkommen, eine Wohnung, und bei der Arbeit im Büro drohte keine Gefahr durch schmutzige Fabrikluft oder einstürzende Bergbaustollen. Um zu verstehen, wie dieser soziale Gradient bei der Gesundheit zustande kam, begannen die Wissenschaftler ihre Arbeit quasi von Neuem. Wieder begleiteten sie Tausende Angestellte über viele Jahre (die Studie dauert noch immer an). Sie fragten zunächst: Werden einfache Büroangestellte oder Dienstboten vielleicht deswegen eher krank, weil sie sich ungesund verhalten? Weil sie weniger Sport machen, häufiger übergewichtig sind und rauchen?

In der Tat zeigten die Daten einen Zusammenhang zwischen dem Status, dem Gesundheitsverhalten und der Gesundheit der Staatsdiener. Aber der Zusammenhang erklärte nur ein Drittel des statistischen Effekts. Wie viele Menschen in der Hierarche über oder unter einem standen, hatte unabhängig davon, wie gesund die Menschen lebten, einen Einfluss auf die Gesundheit. Der Leiter der Whitehall-Studien, der Arzt Michael Marmot, nennt diesen Effekt das Statussyndrom. Man hat ihn seitdem auch andernorts gefunden: in anderen Ländern und in anderen Branchen. So leben Oscar-Gewinner im Schnitt vier Jahre länger als vergleichbare Schauspieler, die nie einen Oscar gewonnen haben, und im egalitären Schweden leben Menschen mit einem Doktortitel länger als solche, die »nur« einen Masterabschluss haben[78].

Nur wieso hat der gesellschaftliche Status von Menschen einen solchen Einfluss auf die Gesundheit? Marmot glaubt, dass Status eng mit zwei fundamentalen menschlichen Bedürfnissen zusammenhängt. Erstens mit dem Gefühl, Kontrolle über sein Leben zu haben, zum Beispiel, weil man sich seine Zeit auf der Arbeit selbst einteilen kann. Und zweitens mit dem Gefühl, ein anerkanntes und geschätztes Mitglied der Gesellschaft zu sein. Beides haben Menschen mit einem hohen sozioökonomischen Status eher als ärmere und weniger gebildete Menschen. Wer wenig Kontrolle hat und wenig Anerkennung erfährt, weil er in der Hierarchieleiter ganz weit unten steht, schreibt Marmot, sei im Dauerstress. Und das mache krank. Was jedoch dagegen helfe: unterstützende, enge soziale Netze[79].

Das bringt uns zur sozialen Isolation zurück. Ob ein Mensch ein enges und unterstützendes soziales Netz hat, hängt oft davon ab, welchen sozialen Status er hat[80], zeigen Daten der Whitehall-Studie. Und dänische Forscher fanden heraus, dass Menschen in sozial benachteiligten Stadtteilen deutlich häufiger sozial isoliert waren als der Durchschnitts-Däne[81].

Eine Gruppe trifft der Zusammenhang zwischen sozioökonomischem Status und Isolation besonders: alte Menschen. Wer über soziale Isolation spricht, muss auch über den »Pensionstod« sprechen. Vor Jahren hat mir der Alterssoziologe Andreas Kruse erklärt[82], dass dies eine Bezeichnung dafür ist, wenn mit dem Eintritt ins Rentenalter das Band zum alten Leben, zu Freunden und damit auch zur Rolle in der Gesellschaft reißt. Das soziale Netz wohlhabender Menschen sei oft dichter geknüpft und stabiler, Geld und Bildung kitten den Riss, der entsteht, wenn das

Arbeitsleben von einem Tag auf den nächsten endet. Menschen aus unteren sozialen Schichten gerieten mit ihrem »Pensionstod« hingegen in die soziale Isolation. Kruse sagte mir auch, dass der »Ageismus« zugenommen habe, die Diskriminierung von Menschen aufgrund ihres Alters. Gebrechliche, alte Menschen würden an den Rand der Gesellschaft gedrängt.

Soziale Isolation und Altersarmut hängen eng zusammen. Kanadische Daten zeigen, dass in Gegenden, wo viele alte Menschen mit wenig Geld leben, besonders viele sozial isoliert sind[83]. Und im Altenbericht der Deutschen Bundesregierung heißt es: »Menschen aus niedrigeren Statusgruppen verfügen durchschnittlich über kleinere soziale Netzwerke und geringere soziale Unterstützung; ein Mangel an sozialen Netzwerken trägt zudem insbesondere in niedrigen Statusgruppen zu gesundheitlichen Nachteilen bei.« Und: »Das Risiko sozialer Isolation [steigt] gerade bei ökonomisch benachteiligten Älteren.«[84]

»Soziale Teilhabe«, schreibt Michael Marmot, »wird durch die Gesellschaft gefördert und entzogen. Die Art und Weise, wie westliche Gesellschaften organisiert sind, führt dazu, dass Menschen mit hohem Status mehr der Gesundheitsvorteile von sozialer Teilhabe ernten als Menschen mit niedrigem Status.«[85]

Weil man bei den wissenschaftlichen Erkenntnissen leicht verloren gehen kann, fasse ich noch einmal zusammen: Sowohl die gefühlte, rein negativ erlebte Einsamkeit als auch die objektive soziale Isolation können ein Risikofaktor für Krankheiten sein. Die soziale Isolation aber wiegt schwerer als die Einsamkeit. Außerdem sind Menschen mit niedrigem sozialen Status öfter sozial isoliert. Was folgt daraus? Wenn wir etwas gegen die Isolation von Menschen tun wollen, sollten wir dringend an gesellschaftlichen Schrauben drehen und nicht in die private Welt der Gefühle und Empfindungen eindringen. Denn die sollte in einer freien Gesellschaft unbedingt Privatsache bleiben.

Wie sehr der soziale Status auf die Gesundheit wirkt, wissen wir eigentlich schon lange. Die Whitehall-Studie läuft mittlerweile seit Jahrzehnten, und auch in Deutschland werden seit Langem Daten über Gesundheitsungleichheiten gesammelt. Mit dem immer gleichen Ergebnis: Arme Menschen sterben viel früher als Reiche. Dass Menschen, die sozial isoliert sind, im Schnitt kränker sind, ist für all diejenigen, die Sozialmedizin betreiben, keine große Überraschung. Vor einer Epidemie der sozialen Isolation aber warnte niemand. Es scheint: Erst als der emotional aufgeladene Begriff Einsamkeit ins Spiel kam, nahm die Debatte auch in den Medien an Fahrt auf.

Aber warum ist es eigentlich so, dass sich die Debatte um die Einsamkeit als privates, emotionales Problem dreht und die gesellschaftlichen Bedingungen, die Menschen sozial isolieren, immer wieder aus dem Blick geraten? Und wer profitiert davon? Darum soll es im nächsten Kapitel gehen.

Kapitel 4

Warum reden alle von Einsamkeit?

Das US-Register für klinische Studien führt unter dem Kürzel NCT02826577 eine Studie mit dem Namen *Effects of Pregnenolone on Perceived Social Isolation*, auf Deutsch: Effekte von Pregnenolon auf die wahrgenommene soziale Isolation. Worum es geht? Um nicht weniger als eine Pille gegen Einsamkeit. Man wolle das »Alarmsystem in der Psyche von einsamen Menschen dämpfen«, erklärte die leitende Wissenschaftlerin dem Magazin *Medium*[86]. Pregnenolon soll Menschen, die einsam sind, ihre Angst vor sozialen Situationen nehmen und sie so wieder in die Gemeinschaft zurückführen. Knapp einhundert Menschen bekommen für die Studie entweder das Mittel oder ein Placebo.

Die Wissenschaftlerin hinter der Studie ist Stephanie Cacioppo. Sie ist die Witwe und langjährige Forschungspartnerin von John Cacioppo, dessen Arbeit uns durch dieses Buch begleitet hat. Noch gemeinsam hatten die beiden Cacioppos Pregnenolon als mögliches Medikament gegen Einsamkeit identifiziert[87]. Im Gehirn einsamer Menschen könnte zu wenig

Allopregnenolon (die aktive Form von Pregnenolon) zirkulieren. Pregnenolon ist ein Steroidhormon, das aus Progesteron hergestellt wird, und es erfüllt eine Vielzahl von Aufgaben. Unter anderem führt es dazu, dass sich nach Schlaganfällen oder bei Hirnverletzungen angegriffenes Gewebe besser erholen kann.

Für die Einsamkeit aber wichtiger: Pregnenolon mildert Ängste, indem es an bestimmte Rezeptoren bindet, und könnte die Stressachse des Gehirns bremsen, die bei einsamen Menschen pausenlos feuert[88]. Pregnenolon wurde zudem schon ausgiebig an Menschen getestet. Wer eine Tablette Pregnenolon bekommt, scheint – zumindest kurzzeitig und im Labor – seine Gefühle besser im Griff zu haben. Sieht er auf einem Bildschirm Gesichter von ängstlichen und erbosten Menschen, zeigt sich eine stärkere Aktivierung von Arealen, die für die Emotionsregulation zuständig sind. Gleichzeitig sinkt die Aktivität der für die Verarbeitung von (negativen) Emotionen essenziellen Hirnregionen, namentlich der Amygdala und der Inselregion. Und inzwischen wurde Pregnenolon in den USA sogar als Mittel gegen Wochenbettdepressionen zugelassen, eine hartnäckige Form des seelischen Leidens, gegen die wenige Medikamente wirken.

Nun ist Einsamkeit – anders als die Wochenbettdepression – keine etablierte medizinische Diagnose. Wer genau also sollte eines Tages, wenn die Studien abgeschlossen sind, das Mittel bekommen? Wer sollte als therapiebedürftig gelten? Schließlich fühlen sich fast alle Menschen gelegentlich einsam. Stephanie Cacioppos Antwort: Eigentlich könnte jeder von Pregnenolon profitieren.

An diesem Punkt beginne ich zu zweifeln: Kann das wirklich Cacioppos Ernst sein? Eine Pille gegen Einsamkeit, die jedem guttun könnte, der gelegentlich mal ein wenig einsam ist? So ehrenwert Stephanie Cacioppos Motivation auch sein mag und sosehr es Wege braucht, schwer einsame und deshalb leidende Menschen aus ihrer Isolation zu befreien, ihre Aussage macht deutlich, dass hier etwas falsch läuft. Ganz eindeutig zeigt sich: Das hochgradig ambivalente Gefühl der Einsamkeit droht zu etwas zu werden, das es wegzutherapieren gilt. Und aus einem sozialen Problem droht eines zu werden, das auf individueller Ebene gelöst werden soll – medizinisch und, wie wir gleich noch sehen werden, psychotherapeutisch. Kein Wunder, dass Michael Marmot (der Beschreiber des Statussyndroms) auf Stephanie Cacioppos Forschung ungläubig reagierte. Er twitterte: »Es gibt große Ungleichheiten bei der Einsamkeit – geringe Einkommen, mehr Einsamkeit. Und das Heilmittel? Nicht die soziale Situation verbessern, sondern eine Pille nehmen. Wirklich?«[89]

Schon der Name der Studie, in dem von »wahrgenommener sozialer Isolation« gesprochen wird, zeigt, wie sich die Psychologen dem Problem nähern: immer durch den Blickwinkel der Gefühle und Wahrnehmungen. Aus einem sozialen wird also schon deshalb oft ein emotionales Problem. Zusätzlich wird hier deutlich, wie sehr die Konzepte Einsamkeit und soziale Isolation in der Forschung verschwimmen. Die beiden Begriffe werden gern synonym verwendet oder unter Einsamkeit subsummiert.

Wir sehen an diesem Beispiel, dass es nicht allein eine akademische Übung ist, zwischen Einsamkeit und sozialer Isolation zu unterscheiden. Worte prägen, wie wir etwas wahrnehmen. Hinter Begriffen verstecken sich stets Grundannahmen und Blickwinkel auf Probleme. Stellt sich nun die Frage, woher die gegenwärtige Fixierung auf das Individuum und seine Gefühle rührt. Was für Folgen hat sie? Und wer profitiert davon?

Zunächst kommt in der Diskussion um Einsamkeit ein gesellschaftlicher Trend zum Ausdruck: dass Probleme stets durch die Psychobrille betrachtet werden. Das sieht man schon am Vokabular. Bei John Cacioppo und vielen Forschern (und manchmal auch in diesem Buch) ist die Rede von »sozialen Ängsten«, von »Emotionsregulation« und »Impulskontrolle«. Die allermeisten Leser dürften das ohne Weiteres verstehen. Denn es handelt sich zwar um psychologische Fachbegriffe, sie sind aber längst Teil unserer Alltagssprache geworden.

Die Soziologin Eva Illouz hat diese Psychologisierung der Sprache in ihrem Buch *Die Errettung der modernen Seele* beschrieben. Im Laufe des 20. Jahrhunderts, schreibt sie, habe der »therapeutische Diskurs« sämtliche Sphären unseres Lebens durchdrungen: das Familienleben (der »Ödipus-Komplex« erklärt den

Streit des Sohnes mit dem Vater), Unternehmen (ein moderner Chef kann sich in seine Mitarbeiter hinein-versetzen, negative Gefühle wie Scham, Wut und Schuld aber unterdrücken) und die Popkultur (von Woody Allen bis Tony Soprano). Wer den therapeutischen Diskurs beherrscht, sammelt kulturelles und soziales Kapital an. Das therapeutische Vokabular zu beherrschen ist in den verschiedensten Bereichen unserer Welt – im Freundeskreis, in der Arbeitswelt und selbst in der Politik – notwendig geworden, um zu bestehen. Und mit der Ratgeberliteratur, schreibt Illouz, habe der therapeutische Diskurs sogar ein eigenes, extrem erfolgreiches Genre erschaffen[90].

Auch die Debatte um die Einsamkeit ist therapeutisiert. Inzwischen wurde in Studien untersucht, ob es etwas bringt, mit einsamen Menschen an deren negativer Wahrnehmung der Welt zu arbeiten. Das Ergebnis: Eine kognitive Verhaltenstherapie hat einen – wenn auch sehr geringen – Einfluss auf die Einsamkeit[91]. Und in John Cacioppos Buch *Einsamkeit* findet sich neben einem reichen wissenschaftlichen Unterbau ein Teil, der sehr stark an Ratgeberliteratur erinnert. Dort stellt Cacioppo einen Vierstufenplan vor, mit dem einsame Menschen versuchen sollen, sich aus dem Teufelskreis der Einsamkeit zu befreien. Cacioppos Plan heißt EASE[92]. Das steht für

— Erweitern des Aktionsradius: Wie wäre es, Computerkurse für Ältere zu geben oder in einem Hospiz ehrenamtlich mitzuhelfen?

- Einen Aktionsplan machen: sich genau überlegen, was gut für einen ist, bevor man Kontakt sucht.
- Selektieren: Manche sozialen Kontakte sind besser als andere. Deshalb sollte man aufpassen und sich nicht ausnutzen lassen.
- Erwartung des Besten: Wer Gutes erwartet, wird Gutes erfahren.[93]

In John Cacioppos Herangehensweise an die Einsamkeit zeigt sich nicht nur, dass er Psychologe ist. Es spiegelt sich darin auch wider, dass Menschen heute viel bereiter sind als früher, an ihrer Psyche zu arbeiten und sich selbst zu therapieren oder therapieren zu lassen. Und das hat Folgen.

Bevor wir uns die Auswirkungen der Therapeutisierung – und der Emotionalisierung – der Einsamkeitsdebatte anschauen, ist es wichtig, zwei mögliche Missverständnisse auszuräumen:

Erstens, chronische und nicht selbst gewählte Einsamkeit tut weh. Menschen sind weder für chronische noch für absolute Isolation geschaffen. Sie leiden aufs heftigste daran. Nicht umsonst nennt man die Isolationshaft (die übrigens nicht Einsamkeitshaft heißt) weiße Folter. Praktisch jeder, der in den USA in diese Supermax-Verwahrung kommt, gerät an den Rand des Nervenzusammenbruchs[94]: Insassen berichten von Schlafstörungen, Appetitverlust, Panik, Wutanfällen, Suizidgedanken, Wahnvorstellungen,

Lethargie, einer gesteigerten Sensitivität gegenüber Tönen, Farben und Gerüchen[95].

Derart extrem dürften die meisten isolierten Menschen nicht fühlen. Trotzdem ist es wichtig, ihr Leid im Hinterkopf zu haben, wenn man auf eine Therapeutisierung oder Emotionalisierung hinweist. Und zu betonen: Es geht nicht darum, das Leid zu relativieren, sondern darum, die richtigen Antworten darauf zu finden.

Manche Menschen, die chronisch einsam sind, haben handfeste psychische Probleme und müssen behandelt werden. Forscher der Uni Mainz fanden in der Gutenberg-Gesundheitsstudie heraus, dass die Hälfte derer, die sich schwer einsam fühlten, eine Depression hatte und vierzig Prozent eine generalisierte Angststörung[96] – beides dringend behandlungsbedürftige Krankheiten.

Zweitens: Natürlich hat die Therapeutisierung des Diskurses, die Illouz beschreibt, auch sehr positive Folgen. Psychische Probleme sind normaler geworden. Menschen haben gelernt, über sie zu reden. Legt man Menschen den Fallbericht eines Depressiven vor, erkennen sie heute deutlich besser als noch vor einigen Jahren, was er hat[97]. Ob das allerdings dazu führt, dass psychisches Leid weniger stark stigmatisiert wird, ist nicht ganz eindeutig. Dabei wäre genau das entscheidend, wie ich in Kapitel fünf noch einmal erklären werde.

Demgegenüber aber steht, dass die Therapeutisierung – gerade beim Thema Einsamkeit – eine Reihe negativer Folgen hat. Sie kann dazu führen, dass wir nicht mehr darüber sprechen, ob die Umwelt eines Menschen, die Arbeitswelt oder die Gesellschaft ihn an ihren Rand drängt. Stattdessen fragen wir, ob er »dysfunktionale soziale Kognitionen« hat, die er durch »Psychoedukation« verändern kann. Oder er nimmt gleich Cacioppos Pregnenolon.

Das Problem bei dieser Herangehensweise: Die Last der Verantwortung liegt auf den Schultern derjenigen, die unter Einsamkeit oder Isolation leiden – und nicht da, wo sie hingehört, nämlich auf den vielen Schultern der Gesellschaft und bei der Politik. Die Debatte um Einsamkeit zeigt: Wenn es um Probleme, Leid und Krankheiten geht, wendet sich der nach Ursachen suchende Blick von Medien, Politikern, Wissenschaftlern, Ärzten und auch Betroffenen zu oft dem Individuum zu – und zu selten den sozialen Umständen. Natürlich haben Antidepressiva vielen Menschen aus dunklen Stunden geholfen. Es ist gut, dass es sie gibt. Und natürlich ist nicht jeder Ratgeber schlecht, nur weil er einzig aufs Individuum fokussiert ist. Aber alle Ansätze, die allein das Individuum in die Pflicht nehmen, sich zu ändern, greifen zu kurz. Zu groß ist der Einfluss der Gesellschaft und ihrer Struktur auf unser Wohlbefinden, unsere Psyche und unsere Gesundheit.

Das verdeutlichen etwa die Zahlen zu Gesundheitsungleichheiten in Deutschland. Noch immer klafft zwischen Armen und Reichen, was die Gesundheit und die Lebenserwartung angeht, eine Riesenlücke.

Wer einen niedrigen sozioökonomischen Status hat, stirbt in Deutschland fünf bis zehn Jahre früher als jemand mit einem hohen! Seit Jahrzehnten wissen wir davon, seit Jahrzehnten verändert sich die Gesundheitsungleichheit nicht[98]. Das Wort »Skandal« wird im Deutschen inflationär benutzt. Dass die Gesundheitsungleichheiten in Deutschland noch immer derart gewaltig sind, das aber ist ein wirklicher Skandal.

Der erste Satz des Buches *Health Gap* von Michael Marmot bringt es auf den Punkt: »Warum sollte man Menschen behandeln und sie dann in die Lebensumstände zurückschicken, die sie krank machen?« Marmot erzählt eine tragische Geschichte. Als er Student war, sah er, wie ein Psychiater einer schwer depressiven Patientin ein Antidepressivum gab und sie damit nach Hause schickte. In ein Zuhause, in dem ihr alkoholabhängiger Ehemann sie schlug, ihr krimineller Sohn im Gefängnis saß und ihre Teenagertochter schwanger war. Dem Arzt ist hier nur bedingt ein Vorwurf zu machen, denn um der Patientin wirklich zu helfen, hätte er ihr soziales Umfeld umkrempeln müssen. Das lag vermutlich nicht in seiner Macht.

Auch die soziale Isolation kann (psychisch) krank machen. Aber statt die Lebensumstände oder politischen Entscheidungen zu korrigieren, die zur sozialen Isolation führen, fokussieren sich die Diskussion und die Forschung darauf, die Kognitionen von Menschen zu verändern und ihre Ängste zu mildern. Das zeigen EASE, Stephanie Cacioppos Medikament und die unzähligen Tipps, was man gegen Einsamkeit tun kann, die im Netz zirkulieren, ganz deutlich. Aber wer alleinerziehend ist und am Existenzminimum lebt, wer Angehörige pflegt und damit rund um die Uhr beschäftigt ist oder wer für seinen Job alle paar Monate umzieht, dem wird das wenig helfen. Er braucht Lebensumstände und eine Umwelt, an der er teilhaben kann.

Um es kurz zusammenzufassen: Die erste Gefahr der Fokussierung auf Einsamkeit als subjektives Erleben, als Krankheit gar und als etwas, das therapiert werden kann, ist, dass wir die gesellschaftlichen Bedingungen aus dem Blick verlieren, die Menschen isolieren.

Die zweite Gefahr gründet darin, dass die Debatte um Einsamkeit emotional aufgeladen ist. Das erlaubt Menschen, wuchtig, aber unsauber zu argumentieren – um ihre Agenda zu verfolgen. Nehmen wir noch einmal Manfred Spitzer. Er ist dafür bekannt, alle Aspekte der digitalen Welt und ihrer sozialen Medien abzulehnen, wie sich schon an den Titeln seiner Bücher erkennen lässt: *Cyberkrank, Die Smartphone-Epidemie* und *Digitale Demenz*. Für Spitzer verblöden Smartphones und soziale Medien Kinder und Erwachsene und zerstören unser Zusammenleben. Dabei arbeitet Spitzer wissenschaftlich oft unsauber. Er lässt gern Studien unberücksichtigt, die nicht zu seiner These passen. Und verwechselt regelmäßig Korrelation und Kausalität, also ob zwei Dinge einfach nur gemeinsam auftreten oder ob das eine das andere bedingt[99].

Auch das Thema Einsamkeit nutzt Spitzer, um seinen Kreuzzug gegen die digitale Welt fortzusetzen. Dabei wird er der komplizierten Studienlage nicht gerecht. Wie genau die Nutzung sozialer Medien und Smartphones auf der einen Seite und die erlebte Einsamkeit auf der anderen zusammenhängen, ist schwer zu beantworten. Was recht sicher ist: Der Zusammenhang zwischen psychischem Befinden und der Nutzung sozialer Medien ist eher gering[100]. Und während manche Studien zeigen, dass online zu sein einsamer macht[101], legen die meisten etwas anderes nahe: Einsame Menschen besuchen häufiger als nicht einsame Menschen soziale Netzwerke wie Facebook[102]. Das macht sie oft nicht weniger einsam. Am Ende gilt wohl vor allem eines: Facebook, Instagram und Co. haben nicht auf alle Menschen den gleichen Effekt. Oft verstärken sie das, was Menschen in der echten Welt erleben, sei es Ausgrenzung oder Zuspruch.

Doch nicht nur was das Internet und soziale Medien angeht, lässt sich hinter der Debatte um Einsamkeit Kulturpessimismus verstecken: Einsamkeit, heißt es, das ist doch dieses moderne Leiden, das sich aus dem Narzissmus und der Selbstbezogenheit der jungen Menschen speist. Einsamkeit rühre doch daher, dass wir alle bindungsunfähig geworden seien und das idyllische Landleben gegen die Anonymität der Großstadt getauscht haben. Der Soziologe Hans Peter Dreitzel bemängelt in der *Neuen Zürcher Zeitung*[103], wie flüchtig unser Kontakt mit anderen Menschen geworden sei. Zum Abschied sagten wir nur noch unverbindlich »Man sieht sich …« oder »Wir telefonieren mal!«. Freilich ohne irgendwelche Zahlen für seine Behauptungen zu liefern, schreibt er: »Die auf das Elternpaar mit ein, zwei Kindern reduzierte Familie, die kinderlosen Paare und die selten gewordenen engen Freundschaften sind die letzten verbliebenen Refugien menschlicher Begegnungen.«

Nur stimmt es eben nicht, dass alles immer nur schlechter wird. Oder dass die Individualisierung an allem schuld ist. So zeigen Studien etwa, dass in kollektivistischen Kulturen Menschen ungefähr genauso einsam sind wie in individualistischen[104]. Einsamkeit scheint in reichen Ländern in den letzten Jahrzehnten auch nicht zugenommen zu haben[105] – die Rede von einer »Einsamkeitsepidemie« scheint vor diesem Hintergrund unhaltbar. Was Deutschland betrifft, ist die Datenlage zu Einsamkeit insgesamt nicht besonders gut. Der Deutsche Alterssurvey aber zeigt zwischen 1996 und 2009 eher eine Abnahme als eine Zunahme bei älteren Menschen[106].

Auch im Falle Großbritanniens, dem Land, das öffentlichkeitswirksam wie kaum ein anderes der Einsamkeit entgegentritt, darf man hinter der Emotionalisierung eine Agenda vermuten. Womöglich versuchte Theresa May mit ihrer Wortwahl schlicht von der Politik ihrer Partei abzulenken. Einer Partei, die in der Tradition von Margaret Thatcher steht, die sagte: »There's no such thing as society« – so etwas wie eine Gesellschaft gibt es nicht. Einer Partei, die seit 2010 Sparprogramme aufgesetzt hat, die die soziale Isolation der Menschen verschlimmert haben dürften. Denn im Rahmen der Austerität wurde ja gerade an den Dingen gespart, die Menschen Teilhabe erlauben und sie aus der Vereinsamung holen: an der Straßenbeleuchtung, an Büchereien, an Pflegeprogrammen für Ältere, an Programmen wie *SureStart*, die arme Familien zum Beispiel bei der Erziehung und frühkindlichen Bildung unterstützen – oder am öffentlichen Nahverkehr[107].

Das heißt nicht, dass die Einsamkeits-Strategie der britischen Regierung sinnlos ist. Im Gegenteil: Vieles an der Initiative ist durchaus sehr positiv. Nur täuschen die groß angekündigte Kampagne und die emotionalen Worte Theresa Mays eben darüber hinweg, dass das Regierungsprogramm gerade einmal mit 11,5 Millionen Pfund ausgestattet ist – und noch dazu bei dem Ministerium angesiedelt, das sich um wohltätige Organisationen kümmert. Die Botschaft dahinter: Nichtstaatliche Akteure sollen sich um das Thema soziale Isolation kümmern, nicht der Staat mit sozialpolitischen Maßnahmen selbst. Und natürlich ist der sehr emotionale Begriff Einsamkeit für Fundraising und Charity-Events auch schön griffig. Griffiger als der Term soziale Isolation, in dem die alten und vielerorts ungelösten Fragen der sozialen Gerechtigkeit mitschwingen.

Fassen wir also noch einmal kurz zusammen: Die Debatte um die Isolation ist emotionalisiert, obwohl sie eigentlich eine soziale Frage sein sollte. Groß angelegte politische Maßnahmen, die Menschen aus ihrer sozialen Isolation befreien könnten, sind zumindest nicht in Sicht – genauso wenig wie eine Debatte um soziale Ungleichheiten. Dass sich die Debatte um Emotionen dreht, gibt Menschen außerdem die Möglichkeit, eine Agenda zu verfolgen oder Versäumnisse zu kaschieren.

Wie es anders gehen könnte, was also getan werden kann, um Menschen aus der Isolation zu holen, darum wird es im nächsten und letzten Kapitel gehen.

Kapitel 5

Was nun geschehen muss

Im Laufe des Buches sind ein paar Dinge klar geworden. Zunächst, dass der Mensch aus der Evolution als »ultrasoziales« Wesen hervorgegangen ist. Jeder Mensch sucht und braucht andere Menschen in seiner Nähe, sonst geht er ein wie eine Blume in der Wüste. Wir haben auch gesehen, dass Einsamkeit ein sehr ambivalentes Gefühl ist, von dem wir nicht wollen können, dass es gänzlich aus unserem Leben verschwindet. Die Metapher vom Krieg gegen die Einsamkeit ist Irrsinn.

Einsamkeit ist ein wenig wie Trauer, sie kann wehtun, aber notwendig sein und uns wachsen lassen. Denken wir an die Menschen, die es für eine der besten Erfahrungen ihres Lebens hielten, einen Winter in der Einsamkeit der Antarktis zu verbringen, oder an Supermans *Festung der Einsamkeit*. Ich habe außerdem erläutert, dass subjektiv und, wohlgemerkt, rein negativ erlebte Einsamkeit zwar einen deutlichen Effekt darauf hat, ob Menschen krank werden oder sterben. Das allein macht Einsamkeit aber nicht zu einer Krankheit. Und zusätzlich ist der Effekt der objektiv messbaren sozialen Isolation stärker, vor allem, wenn man verschiedene Dimensionen des sozialen Netzes und ihr Zusammenwirken berücksichtigt: zum Beispiel, ob ein Mensch viele Freunde und Verwandte hat, ob er Mitglied in einem Verein oder einer Kirchengemeinde ist und ob er allein wohnt. Soziale Isolation ist für die Gesundheit womöglich so schädlich wie Rauchen und schädlicher, als keinen Sport zu machen.

Dabei ist eines ganz entscheidend: Die Dichte und Belastbarkeit eines sozialen Netzes hängt von den sozialen Umständen eines Menschen ab. Sein soziales Netz ist gewissermaßen eine soziale Determinante von Gesundheit, so wie Einkommen, Bildung, saubere Luft und ein Bus, der vor der Haustür fährt. Soziale Isolation ist eine soziale Frage, sie trifft Menschen mit niedrigem sozioökonomischen Status stärker als reiche und gebildete Menschen. Dass als Heilmittel trotzdem Ratgeber, Psychotherapie und sogar Medikamente diskutiert werden, ist deshalb ein großes Problem. Dadurch wird ein in weiten Teilen gesellschaftliches Problem individualisiert. Eine Therapeutisierung und Emotionalisierung der Debatte macht es Menschen wie Manfred Spitzer außerdem einfach, eine Agenda zu verfolgen. Und vor allem erlaubt sie Politikern wie der konservativen Tory-Regierung Großbritanniens Versäumnisse zu kaschieren.

Es ist wichtig festzuhalten: Deutschland erlebt keine Einsamkeitsepidemie. Weder sind unzählige

Menschen in Deutschland einsam, noch scheint ihre Anzahl in letzter Zeit enorm zugenommen zu haben. Das heißt, dass die Rhetorik einer Epidemie, einer uns entgleitenden Situation verfehlt ist. Ernst nehmen müssen wir aber das Problem der sozialen Isolation. Es gibt soziale und politische Umstände, die Menschen an den Rand der Gesellschaft drängen. Ihnen sollten wir unsere Aufmerksamkeit schenken.

Sich derartiger Umstände bewusst zu werden ist momentan vielleicht wichtiger denn je. Denn die wirtschaftlichen Probleme, die die Coronakrise mit sich bringt, drohen politische Entscheidungen nach sich zu ziehen, die Menschen in die Isolation zwingen. So geschah es etwa – wie die Geschichte Trevor Robinsons deutlich zeigt – nach der Wirtschaftskrise 2008. Im Zuge der Austerität wurde in England, in Europas Süden und teilweise auch in Deutschland an Staatsausgaben gespart, die Menschen Teilhabe ermöglichen. Gut möglich, dass nach Corona eine neue Austerität kommt. Wer die verhindert, tut auch etwas gegen die Zunahme sozialer Isolation.

Politik und Gesellschaft können etwas gegen soziale Isolation tun. Ich glaube sogar, sie haben eine moralische Verpflichtung dazu. Denn Menschen, die sozial isoliert sind, gehören oft einer verletzlichen Gruppe an. Soziale Isolation trifft pflegebedürftige alte Menschen ohne Geld, aber auch die, die sie tagein, tagaus pflegen. Sie trifft Menschen in Regionen, die die Politik aufgegeben hat, wo keine Busse mehr fahren und das letzte Kino schon vor Jahren zugemacht hat.

Es kann – das hat das Buch gezeigt – dabei nicht das Ansinnen sein, die Einsamkeit auszurotten. Das würde auch nicht gelingen. Stattdessen muss es darum gehen, Menschen, die das wollen, aus ihrer Isolation zu holen. Aber wie kann das umgesetzt werden? Die Antwort darauf ist einfach und kompliziert zugleich: Es geht darum, Menschen die Möglichkeit zu geben, sich zu begegnen. Nur so können sie soziale Netze knüpfen und Freunde, Bekannte, gute Nachbarn und einander verbundene Arbeitskollegen werden.

Im Laufe dieses letzten Kapitels werde ich an einigen Punkten deutlich machen, wie das gelingen kann. Meine Punkte werden dabei nicht mehr als Impulse sein können. Wie genau sich das, was ich vorschlage, auf das Ausmaß von sozialer Isolation oder schmerzhafter chronischer Einsamkeit auswirken würde, ist, anders als vieles, was ich in diesem Buch geschrieben habe, wissenschaftlich nicht belegt. Die Auswirkungen verschiedener Maßnahmen auf die soziale Unterstützung und die soziale Integration müssen wissenschaftlich noch weiter untersucht werden. Viele kluge Menschen haben sich bisher Gedanken über inklusive soziale Netze und soziale Unterstützung gemacht. Sie als Leser sind also dazu angehalten, über dieses Buch hinaus weiterzulesen.

Beginnen wir mit etwas ganz Grundlegendem:

1. Sorgearbeit wertschätzen

Menschlichkeit und Fürsorge für andere Menschen können soziale Isolation durchbrechen. Hunderttausende von Deutschen kümmern sich um ihre bettlägerige Oma, ihre Vorschulkinder oder ihren Vater im Hospiz. Sie sorgen dafür, dass Menschen nicht allein sind. Von Liebe und Mitgefühl, Freundschaft und Empathie getragene Beziehungen formen ein Netz sozialer Beziehungen, das dafür sorgt, dass Menschen, die Hilfe brauchen, Teil der Gesellschaft bleiben. Auf Neudeutsch heißt das Care-Arbeit. Und obwohl Care-Arbeit wahnsinnig wichtig ist, sind wir als Gesellschaft furchtbar schlecht darin, sie zu würdigen. Die einzig vermeintlich *richtige* Arbeit in Deutschland ist Erwerbsarbeit. Oder wie die Sozialwissenschaftlerin Sabine Beckmann schreibt:

»Indem in der Moderne über eine Erwerbstätigkeit der Zugang zu den gesellschaftlich geschätzten materiellen und immateriellen Gütern wie Einkommen und Sicherheit, Anerkennung und Status geebnet wurde, wurde Erwerbsarbeit zunehmend zum zentralen Bezugspunkt des gesellschaftlichen Lebens. Die Bedeutung von Fürsorge [gemeint ist Care-Arbeit], die ebenso wesentliche Aufgaben für den Erhalt einer Gesellschaft umfasst, wurde und wird bis heute missachtet.«[108]

Care- oder Sorgearbeit schafft nichts Bleibendes und ist deswegen schwer ökonomisierbar. Und das ist ein Problem. Denn Care-Arbeit ist Gemeinschaftsarbeit. Sie hilft gegen Isolation und stärkt lokale Gemeinschaften.

Dass Care-Arbeit gesellschaftlich so wenig gewürdigt wird, ist aber nicht nur für Menschen, die gepflegt werden müssen, ein Problem. Auch diejenigen, die pflegen, kann es in die Isolation treiben. Erstens, weil die Pflege von Angehörigen arm machen kann. Das Pflegegeld ist alles andere als üppig. Fast jede dritte Hauptpflegeperson reduziert die Stundenzahl ihrer Erwerbsarbeit oder hört ganz auf zu arbeiten. Nur ein Viertel geht überhaupt einer Erwerbsarbeit nach[109]. Und zweitens kann Care-Arbeit zu sozialer Isolation führen, weil Pflegende oft rund um die Uhr beschäftigt sind oder auf Abruf stehen. Menschliche Bedürfnisse lassen sich nicht exakt eintakten und vorausplanen. Pflegebedürftige haben gute und schlechte Tage, auf die sich die Pflegenden einstellen müssen. Da ist es schwer, sich zu verabreden und regelmäßig Termine – Sprachkurse, Vereinssport oder einfach ein Abendessen mit einem Freund – wahrzunehmen.

Um alte beziehungsweise pflegebedürftige Menschen und Pflegende aus der Isolation zu holen, müsste die Care-Arbeit also unbedingt aufgewertet werden. Die Aufwertung würde sogar noch etwas für die Gleichberechtigung tun. Denn viel öfter als Männer sind es Frauen, die Care-Arbeit leisten. Die neben einer Vierzigstundenwoche noch den Haushalt machen und sich um die Kinder kümmern. Verschiedene Umfragen zeigen[110]: Selbst an Tagen, an denen Männer meist freihaben, sonntags zum Beispiel, tun Frauen mehr für Familie und Haushalt.

Besonders dringend brauchen Menschen, die eine Person pflegen, eine bessere finanzielle Absicherung. Dazu gehören ganz explizit auch alleinerziehende Mütter (und Väter). Auch eine Reduzierung der Wochenarbeitszeit auf zweiunddreißig Stunden über das ganze Leben betrachtet könnte helfen. Das schlägt etwa die Präsidentin des Wissenschaftszentrums Berlin, Jutta Allmendinger, vor[111]. Frauen würden dann im Schnitt etwas mehr (erwerbs)arbeiten als im Moment, Männer etwas weniger. Und die Care-Arbeit könnte besser verteilt werden.

Dass die Ungleichverteilung der Arbeit ein dringendes Problem ist, zeigt wieder einmal die Coronavirus-Pandemie. Sie birgt eine Retraditionalisierung, sagt etwa Allmendinger. So sind es vor allem Frauen, die wegen geschlossener Schulen und Kitas im Homeoffice mit Care-Arbeit und Erwerbsarbeit jonglieren müssen.

Die Coronakrise hat gezeigt, wie wichtig auch die Arbeit von professionellen Pflegekräften ist und wie groß ihr persönlicher Einsatz. Ihr Einkommen aber ist meist mager. Sie verdienen einen Bruchteil dessen, was Menschen bekommen, die im mittleren Management einer Bank arbeiten oder als Facharbeiter in der metallverarbeitenden Industrie. Meist wird sogar in *Bullshit*-Jobs mehr verdient, wie David Graeber die vielen Jobs nennt, die selbst denen, die in ihnen arbeiten, sinnlos erscheinen[112]. Es ist Zeit, diese Ungerechtigkeit zu korrigieren und diejenigen, die unsere Gesellschaft mit ihrer Arbeit stützen und jeden Tag Menschen von der schmerzhaften sozialen Isolation befreien, ordentlich zu bezahlen.

Dass das keine Minderheitenmeinung ist, zeigen die Tausenden Menschen, die in ganz Europa die Pflegekräfte und Ärztinnen und Ärzte, die gegen Corona kämpften, im Frühjahr wöchentlich von ihren Balkons beklatschten. Mancher hielt das für reine Symbolik, aber vielleicht ist unsere Gesellschaft wirklich bereit für einen Kulturwandel. Und den braucht es gerade mehr denn je. Wir als Gesellschaft müssen uns überlegen, woran wir den Status einer Person knüpfen. An Geld und Karriere? Oder doch vielleicht ein wenig mehr daran, was die Person ganz real in ihrem Leben für andere Menschen getan hat? Ob sie Kinder großgezogen hat, stets für ihre Freunde da war und in der Obdachlosenhilfe geholfen hat? Wir als Gesellschaft müssen dem Heer an Menschen, die mit der Care-Arbeit unser gesellschaftliches Leben erst möglich machen, auch jenseits einer finanziellen Absicherung zeigen, wie wichtig ihre Arbeit ist. Das ist ein Grundbaustein für die soziale Integration von Menschen.

Wer sich intensiver damit auseinandersetzt, was sozial isolierten Menschen und solchen in schweren psychischen Krisen geholfen hat, stellt ohnehin fest: Vielen Menschen hat es paradoxerweise geholfen, für andere da zu sein. Johann Hari, der jahrelang unter

Depressionen und Angststörungen litt, beschreibt das in seinem Buch *Lost Connections* sehr anschaulich[113]. Hari erzählt, wie er früher versuchte, sich besonders intensiv um sich selber zu kümmern, wenn er merkte, dass Angst und schlechte Gefühle ihn zu überwältigen drohten. Das sei ein Fehler gewesen. Inzwischen mache er es anders:

»Wenn ich heute merke, dass ich abrutsche, tue ich nichts für mich selbst. Ich treffe einen Freund und versuche mich mit aller Kraft darauf zu konzentrieren, was er fühlt, und ihm zu helfen, sich besser zu fühlen. Ich tue etwas für mein Netzwerk oder meine Gruppe – oder ich helfe Fremden, die sehr gestresst aussehen. Ich habe etwas gelernt, von dem ich nicht glaubte, dass es möglich sei. Selbst wenn du selber [seelische] Schmerzen hast, kannst du fast immer jemand anderem helfen, sich besser zu fühlen. [...] Wenn ich diese Technik nutzte, merkte ich, dass es oft – wenn auch nicht immer – das Abrutschen stoppte. Es war viel effektiver, als zu versuchen, mich selbst aufzubauen.«[114]

Wenn man das in einem Satz zusammenfassen wollte, dann lautete er wohl: Tu etwas für andere, dann tust du etwas für dich. Und dieser Satz ist auch empirisch untermauert. Nur ein Beispiel: Menschen, die Freiwilligenarbeit leisten, sind gesünder, glücklicher und halten ihr Leben für sinnvoller[115].

2. Zeit für Beziehungen schaffen

Was aber braucht es, neben der Bereitschaft zur und Würdigung der Fürsorge, ganz konkret, damit Menschen einander aus sozialer Isolation befreien können? Beginnen wir mit der vielleicht wichtigsten Ressource: Zeit.

Was würde es mit unserer Gesellschaft machen, wenn Vollzeit fortan nicht mehr hieße, vierzig Stunden zu arbeiten, sondern zweiunddreißig oder sogar weniger? Wir haben bereits gesehen: In einer alternden Gesellschaft könnte das dazu führen, dass Menschen entlastet werden, die sich um Kinder und Pflegebedürftige kümmern. Aber es könnte noch mehr bewirken. Denn soziale Kontakte brauchen Zeit. Oder im Umkehrschluss: Immer wenn Menschen zu wenig Zeit haben, ist das ein Nährboden für soziale Isolation.

Natürlich würden nicht alle Menschen die dazugewonnene Zeit nutzen, um soziale Netzwerke zu pflegen oder etwas für die Gemeinschaft zu tun[116]. Einiges deutet aber darauf hin, dass mehr Zeit Menschen sozial aktiver macht und damit auch gegen die eigene soziale Isolation und die anderer hilft. Denn erstens scheint es so zu sein, dass Menschen, die mehr arbeiten, weniger Zeit mit Freunden verbringen und seltener anderen sozialen Aktivitäten nachgehen. Das zeigen beispielsweise Analysen des Politikwissenschaftlers Robert Putnam. In seinem Buch *Bowling Alone* geht er der Frage nach, wie sich das zivilgesellschaftliche Engagement in den USA in der zweiten Hälfte des 20. Jahrhunderts verändert hat[117]. Er betrachtet also einen Zeitraum, in dem Frauen sukzessive ein immer größerer Teil der Erwerbsarbeitswelt wurden, und stellt fest: Je mehr Stunden Erwerbsarbeit Frauen leisteten, desto seltener trafen sie sich mit Freunden und desto weniger gingen sie in Vereine und Kirchen[118]. Dies zeigt, dass eine hohe Anzahl an Erwerbsarbeitsstunden verhindert, dass Menschen – ob Männer oder Frauen – soziale Netze, zumindest jenseits von Arbeit und Familie, pflegen oder stärken.

Zudem gibt es Menschen, die derart viel arbeiten, dass sie gar keine Zeit haben, überhaupt gesellschaftlich aktiv zu werden. Wer sie entlastet, tritt sozialer Isolation entgegen. Greifen wir uns einige Beispiele heraus: Wer täglich Überstunden macht und am Wochenende arbeitet, tut damit seinem sozialen Netz nicht gut. Genauso, wer jeden Tag weite Strecken pendeln muss, vor allem im Auto. Diese Menschen schaffen es seltener, Freunde zu treffen und an gesellschaftlichen Events teilzunehmen[119]. Pendeln sorgt dafür, dass Menschen nicht nur weniger zufrieden mit ihrem Job sind[120], sondern sich auch häufiger einsam fühlen. Es ist außerdem wichtig, zu welcher Zeit Menschen arbeiten. Wer im Schichtdienst arbeitet, schafft es oft schlechter, Freunde zu treffen oder an regelmäßigen Treffen, etwa von Sportvereinen, teilzunehmen und ist sozial öfter isoliert als Menschen, die einen Nine-to-five-Job machen[121].

3. Lokale Netzwerke stärken

Ständig unterwegs zu sein, wie etwa beim Pendeln, kann dazu führen, dass Menschen aus der Gesellschaft fallen. Wenn Menschen pendeln müssen, weil die Mieten in Innenstädten – von London bis Berlin – immer unerschwinglicher werden, hat das einen Effekt auf die soziale Isolation von Menschen. Und vor allem erzeugt es ein sozioökonomisches Gefälle. Wer sich eine Wohnung in der Innenstadt nicht leisten kann, pendelt morgens in die Stadt hinein und abends wieder hinaus. Eine effektive Mietenpolitik kann also ein Mittel gegen soziale Isolation sein – genau wie ein gut ausgebautes und gepflegtes Netz von Bussen und Bahnen. Denn Studien zeigen, dass Pendeln mit dem Auto für Menschen schlimmer ist als mit dem öffentlichen Nahverkehr, möglicherweise, weil es stressiger und einsamer ist.

Vielleicht hilft gegen das Pendeln auch ein Recht auf Homeoffice, das etwa Arbeitsminister Hubertus Heil in bestimmten Branchen einführen will[122]. Dass manche Menschen gern und gut von zu Hause aus arbeiten, hat nicht erst die Coronavirus-Pandemie gezeigt.

Und dann ist da noch die Sache mit der flexiblen Arbeitswelt. Vor allem junge Menschen mit befristeten Jobs ziehen oft ihrer Arbeit hinterher. Viele ziehen mit dem Beginn des Arbeitslebens um und leben fortan wie Nomaden: ein paar Monate in Hamburg, dann zwei Jahre in Frankfurt und ein Jahr in München – unterbrochen von längeren Auslandsaufenthalten. Natürlich ist nicht allein der Arbeitsmarkt flexibler

geworden. Es gibt heute auch viel mehr Möglichkei-
ten, mit Freunden Kontakt zu halten: Smartphones,
Social Media, Skype und EU-weit kostenlose Telefon-
anrufe. Außerdem kann flexibel zu sein und viel von
der Welt zu sehen ein großes Glück sein. Manchen
aber setzt diese Flexibilisierung zu. Flexibel zu sein
kann bedeuten, isoliert zu werden. Denn kaum hat
sich ein zartes Geflecht sozialer Beziehungen auf-
gebaut, wird es wieder zerrissen.

Interessanterweise konnten Analysen zeigen, dass
Einsamkeit in Deutschland häufig junge Menschen
betrifft[123]. (Nach sozialer Isolation forschten die
Wissenschaftlerinnen nicht direkt, es zeigte sich aber,
dass die jungen Menschen in dieser Studie im Schnitt
etwas mehr Freunde hatten, dafür aber deutlich häufiger Single waren und sich seltener in Vereinen oder
der Politik engagierten[124].) Welche Rolle die Flexibilisierung des Arbeitsmarktes dabei spielt, ist unklar.
Dass sie einen Anteil hat, ist aber gut vorstellbar.

Am Ende läuft alles auf eines hinaus: Wir müssen
in einer globalisierten Welt lokale Gemeinschaften
stärken.

4. Das Stigma um Einsamkeit und soziale Isolation auflösen

Bisher richteten sich meine Vorschläge vor allem
darauf, was sich auf gesellschaftlicher und politi-
scher Ebene ändern muss, wenn wir Menschen aus

der sozialen Isolation befreien wollen. Gesellschaftliche und politische Hebel, davon bin ich überzeugt, können mehr Wirkung entfalten als Selbsthilfe-Programme oder Ähnliches. Es ist schlicht eine Illusion zu glauben, dass Cacioppos EASE-Programm einen verrenteten Fernkraftfahrer, der seine Frau und mit ihr das letzte bisschen soziales Netzwerk verloren hat, aus der Einsamkeit holt.

Aber natürlich sind es nicht allein die gesellschaftlichen Umstände, die dazu führen, dass Menschen sozial isoliert oder einsam sind. Auch die Gene eines Menschen, die das Verhalten und die Wahrnehmung prägen können, haben einen geringen Einfluss darauf, genau wie seine (nur bedingt veränderbare) Persönlichkeitsstruktur und der Zufall, von dem sein Lebensweg geprägt ist[125]. Und natürlich können sich manche Menschen aus eigener Kraft oder durch die Hilfe von Ratgebern oder Psychotherapeuten aus der Isolation befreien. Gerade für Menschen, die große Angst vor sozialen Situationen haben, kann das genau der richtige Weg sein. Wer eine Angststörung oder Depression und damit eine handfeste psychische Krankheit hat, sollte sich ohnehin von einem Psychotherapeuten oder Psychiater behandeln lassen.

Mindestens genauso wichtig ist es jedoch, das Thema Einsamkeit zu entstigmatisieren. Dafür, dass Menschen einsam und allein sind, sollten sie sich nicht schämen müssen. Neben einer gesellschaftlichen und politischen Antwort braucht es – wie auch bei psychischen Krankheiten – Aufklärungskampagnen und eine Sensibilisierung dafür, dass Einsamkeit und Isolation verschiedenste Menschen treffen und sie daran nicht selbst schuld sein müssen. Erst wenn wir beginnen über Isolation und Einsamkeit zu sprechen, können wir den Betroffenen als Gesellschaft die Hand ausstrecken.

5. Begegnungsorte schaffen

Kehren wir nun aber zum Gesellschaftlichen zurück. Zusätzlich zu mehr Zeit und einem Wertewandel braucht es Orte, an denen Menschen sich begegnen. Mehrgenerationenhäuser etwa können alte Menschen vor der Isolation schützen. Das Familienministerium fördert diese schon, leider mit einer Förderung für nur fünfhundertvierzig Häuser bisher eher in bescheidenem Maße. Ähnliches gibt es auch für junge Menschen. Ins *Poolhaus Kabelwerk* in Wien, das verschiedenste Gemeinschaftsräume hat, sollen junge Menschen ziehen, die neu in der Stadt sind, nur kürzere Zeit bleiben oder sich neue Freundeskreise aufbauen wollen.

Um sozialer Isolation vorzubeugen, müssen sich auch öffentliche Räume verändern. Rund um den Psychiater Mazda Adli ist in Zusammenarbeit mit Städteplanern, Architekten und Psychologen an der Berliner Charité das *Forum Neurourbanistik* entstanden[126]. Das Forum will verstehen, was eine Stadt ausmacht, die für Körper und Geist von Menschen gesund ist – und dafür sorgen, dass Städte sich dahingehend verändern. Was damit gemeint sein könnte, verriet Adli kürzlich in einem Interview[127]:

> »Wir brauchen öffentliche Räume – Plätze, Parks, Bürgersteige –, die nicht nur Transitzonen, sondern Verweilzonen sind. Sie wirken sozialer Isolation direkt entgegen. Deshalb haben öffentliche Plätze auch einen Public Health Auftrag. Dazu gehören übrigens auch Kultureinrichtungen. Entscheidend ist, dass wir dafür sorgen, dass der Zugang allen ohne große Hürden möglich ist.«

Gerade für ältere Menschen ist das wichtig. Weil sie nicht mehr so mobil sind, ist für sie das nähere Umfeld besonders entscheidend. Wichtig bei alldem: Die Begegnungsorte müssen allen offenstehen. Sie dürfen keinen Eintritt kosten, und man darf dort – anders als in Cafés oder Restaurants – auch keine Getränke oder Essen kaufen müssen. Nur so kann man finanziell schwächere Menschen miteinbeziehen.

Nun sind all das Ideen, die in Coronazeiten schwer umzusetzen sind. Physische Nähe zu anderen Menschen ist zu etwas Problematischem geworden. Für viele gehen Begegnungen einher mit der Angst vor einer Ansteckung und einem schweren Verlauf – oft zu Recht. Das betrifft besonders auch Gruppen, die ohnehin sozial isoliert sind, chronisch Kranke und Pflegebedürftige etwa und ganz besonders natürlich alte Menschen. Viele, mitunter gut gemeinte Vorschläge, sie zu schützen, dürften sie weiter in die Isolation treiben. Der Virologe Alexander Kekulé etwa sagte: »Ich übertreibe jetzt bewusst ein bisschen und sage, für die müssen wir ein Fort Knox bauen«[128], also Hochsicherheitsbereiche, in die möglichst niemand hinein- oder herauskommt.

Es ist wichtig, die Coronavirus-Pandemie zu nutzen, um zu überlegen, wie der öffentliche Raum aussehen soll, wenn die Pandemie vorbei ist. London etwa scheint das zu tun. Weite Teile der immer verstopften Innenstadt sollen autofrei werden – und damit mehr Platz für die Begegnung von Menschen, jenseits von Abgasen und Lärm, bieten[129].

Die Coronakrise stärkt aber auch die Weiterentwicklung eines möglichen Auswegs aus der Isolation: digitale (Begegnungs-)Technologien. Schon vor der Pandemie etwa startete im niedersächsischen Bentheim mit *Dorf 2.0* ein Modellprojekt, in dem auf einem digitalen Dorfplatz verschiedene auch für die soziale Integration alter Menschen essenzielle Dinge zusammengeführt werden: Mobilität, Hilfsangebote und eine rollende Arztpraxis. Und in Baden-Württemberg hatte das Projekt *SONIA* ältere Menschen aus der gleichen Nachbarschaft zunächst über Tablets miteinander in Kontakt gebracht. Danach trafen sie sich auch im echten Leben.

Seit Beginn der Coronapandemie ist das Bedürfnis nach derartigen Angeboten gestiegen. Apps, auf de-

nen Freunde und Familie, aber auch einander frem-
de Menschen gemeinsam Skat spielen können, sind
nachgefragt wie nie[130], in Hamburg spielen Senioren
sonntags per Zoom Gesellschaftsspiele, und das
Nachbarschaftsportal *nebenan.de* hat eine Corona-
Hilfe-Seite eingerichtet, über die sich Menschen in der
gleichen Nachbarschaft helfen.

6. Altersarmut bekämpfen

Ganz am Ende müssen wir noch einmal auf Geld zu
sprechen kommen. Oft genug steht Armut der sozialen Integration im Wege. Besonders deutlich sicht-
bar ist das an einer Gruppe, die sowieso besonders
oft sozial isoliert ist: alte Menschen[131]. Altersarmut
ist eine der häufigsten Ursachen für soziale Isolation.
Alte Menschen, die arm sind, fühlen sich dreimal so
häufig aus der Gesellschaft ausgeschlossen wie alte
Menschen mit ausreichend finanziellen Mitteln[132].
Arme ältere Menschen gehören zu der Gruppe von
Personen, die am wenigsten an der Gesellschaft
teilhat. Und weil Altersarmut zunimmt, ist auch
die soziale Isolation potenziell ein wachsendes Problem.

Die Probleme beginnen bei ganz basalen Dingen:
Wie soll, wer sich eine Brille und ein Hörgerät nicht
leisten kann, mit anderen in Kontakt kommen? Wie
soll sich jemand mit einer Rente von achthundert
Euro und ohne Erspartes den Umbau einer Wohnung

leisten, wenn er künftig auf einen Rollstuhl angewiesen ist?

Wenn die Politik die soziale Isolation und ihre Gesundheitsfolgen bekämpfen will, muss sie folglich dringend etwas gegen Altersarmut tun. Sie muss dabei auch besonders verletzliche Gruppen in den Blick nehmen. Menschen mit psychischen Krankheiten, Migrationshintergrund oder Schwerbehinderung etwa. Man mag es sich kaum vorstellen, aber sechsundfünfzig Prozent aller schwerbehinderten alten Menschen erhalten weniger als fünfhundert Euro Regelaltersrente und weitere siebenundzwanzig Prozent zwischen fünfhundert und tausend Euro. Wer soll davon leben? Und wie soll damit Teilhabe möglich sein?

All das zeigt: Wir haben ein *gesellschaftliches* Problem. Ob man durch Städteplanung Räume kreiert, durch Mobilität Menschen die Möglichkeit gibt, an der Gesellschaft teilzuhaben, oder durch eine Zweiunddreißigstundenwoche Platz für Engagement schafft: Letztlich stärkt all das lokale Gemeinschaften. Es ermöglicht Gemeinschaften, in denen Menschen sich vertrauen.

Während das Erlebnis der Einsamkeit uns an den Grund der Psyche führt, führt die soziale Isolation uns an den Grund der Gesellschaft. Soziale Isolation offenbart, wie dicht die Netze sind, die Menschen untereinander geknüpft haben. Wenn in einem Land oder an einem Ort viele Menschen isoliert sind, ist das Netz der sozialen Beziehung dünn oder asymmetrisch geworden. Wer versucht, etwas dagegen zu tun, produziert den Klebstoff, der unsere Gesellschaft zusammenhält.

Quellen und Anmerkungen

1 Cacioppo: The lethality of loneliness: at TEDxDesMoines, 09.09.2013

2 Holt-Lunstad, 2017

3 Siehe etwa den Blogeintrag von Seepersad, 2014, in dem wie selbstverständlich davon ausgegangen wird, dass Einsamkeit eine psychische Störung ist.

4 Kristof, 09.11.2019

5 UK Government, 2018

6 ZEIT ONLINE, 19.01.2018

7 Schumacher, 17.10.2019

8 Silk et al., 2009

9 Dieser Effekt ist beim Menschen jedoch schwer zu beobachten. Einerseits kann man aus ethischen Gründen keine Experimente durchführen. Andererseits verdeckt die Komplexität unserer Gesellschaft und Kultur derart einfache Zusammenhänge. Ein wenig helfen kann der Blick auf Jäger-und-Sammler-Völker, die unseren Vorfahren in ihrer Lebensweise sehr nahekommen. Vergleicht man, wie viele Kinder in einem solchen Jäger-und-Sammler-Volk geboren werden, mit der Reproduktion von Schimpansen oder anderen Primaten, zeigt sich: Menschen bekommen im Schnitt nicht nur mehr Kinder, ihr Nachwuchs überlebt auch länger (Kaplan et al., 2000). Der Hauptgrund dürfte sein, dass wir besonders kooperativ sind.

10 Richerson & Boyd, 1997

11 Adolphs, 2009

12 Dunbar & Shultz, 2007

13 Baumeister & Leary, 1995

14 Nesse, 1990

15 Cacioppo & Cacioppo, 2014, S. 63, eigene Übersetzung aus dem Englischen

16 Cacioppo & Patrick, 2008, S. 31

17 Hawkley & Cacioppo, 2010, S. 219, eigene Übersetzung aus dem Englischen

18 Cacioppo et al., 2014

19 Hughes et al., 2004

20 Neben dieser sogenannten UCLA Loneliness Scale gibt es noch andere Einsamkeitsskalen, etwa die von De Jong Gierveld und Van Tilburg entwickelte Einsamkeitsskala.

21 Cacioppo & Hawkley, 2009

22 Hawkley & Cacioppo, 2010

23 Simmank, 12.08.2019

24 Calati et al., 2019

25 Cacioppo et al., 2015

26 Cacioppo & Cacioppo, 2014

27 Steptoe et al., 2004

28 Kurina et al., 2011

29 Cacioppo & Patrick, 2008, S. 99 ff.

30 Rico-Uribe et al., 2018 und Holt-Lunstad et al., 2015

31 House et al., 1988

32 Spiewak, 06.09.2012; Bartens, 09.09.2012; Stremmel, 08.05.2018 und Appel & Schreiner, 2014

33 Thoreau, 2004, S. 212, eigene Übersetzung aus dem Englischen

34 Ebd., S. 216, eigene Übersetzung aus dem Englischen

35 Alberti, 2018

36 Ott, 20.09.2017

37 Laage, 07.05.2020

38 Svendsen, 2017, S. 111

39 Marcuse: Der eindimensionale Mensch, zitiert aus Salamun, 2006, S. 60

40 Svendsen, 2017, S. 120, eigene Übersetzung aus dem Englischen

41 Salamun, 2006, S. 60

42 Long & Averill, 2003

43 Svendsen, 2017, S. 113

44 Marquard, 1994

45 Schellhammer, 2018

46 Svendsen, 2017, S. 106

47 Vu & Meyer, 13.05.2020

48 DAK, 2019

49 Marquard, 1994

50 Simmank, 19.04.2019

51 Long & Averill, 2003

52 Long & Averill, 2003, S. 24

53 Gemessen an einer Abnahme des Scores auf der Paranoiaskala des Minnesota Multiphasic Personality Inventory (MMPI). Siehe Oliver, 1991, S. 220

54 Schellhammer, 2018

55 Long & Averill, 2003, S. 38, eigene Übersetzung aus dem Englischen

56 Siehe hierzu auch: Svendsen, 2017, S. 77 f.

57 Long & Averill, 2003

58 Mellor et al., 2008; Coyle & Dugan, 2012 und Ortiz-Ospina, 2019

59 Gerstel & Sarkisian, 2006

60 Eisenberger et al., 2003

61 Eisenberger et al., 2007

62 Yeginsu, 13.05.2019

63 Holt-Lunstad et al., 2015

64 Coyle & Dugan, 2012

65 Cacioppo & Patrick, 2008, S. 99, eigene Übersetzung aus dem Englischen

66 Hier dürfte aus wissenschaftlicher Sicht das letzte Wort noch nicht gesprochen sein. Denn Wissenschaftler strei-

ten noch immer darum, was als soziale Unterstützung oder soziale Isolation gilt. Außerdem sind die Studien zur sozialen Isolation weniger zahlreich und gut kontrolliert als die zu den Gesundheitsfolgen von Einsamkeit.

67 Holt-Lunstad et al., 2015; Holt-Lunstad et al., 2010

68 In manchen Studien verschwand gar der Einfluss der Einsamkeit auf die Mortalität, wenn man bestimmte Risikofaktoren miteinbezog. Der Einfluss der sozialen Isolation hingegen blieb erhalten: Elovainio et al., 2017

69 Hugendick, 06.05.2019

70 Allein zu wohnen korreliert nicht besonders stark mit Einsamkeit. Es ist aber – gerade bei älteren Menschen – ein wichtiger Indikator für die Dichte des sozialen Netzes.

71 Berkman et al., 2000

72 All das erinnert an die Auswirkungen der Einsamkeit, die in Kapitel 1 beschrieben wurden. Und tatsächlich wirken hier soziale Isolation und Einsamkeit wohl auf ähnlichem Wege auf die Gesundheit von Menschen.

73 Cassel, 1976; Cobb, 1976; Berkman & Syme, 1979 und Blazer, 1982

74 Etwas, das sich im Übrigen auch deutlich für soziale Isolation zeigen lässt. Isolierte und einsame Menschen begehen häufiger Suizid, zeigen Studien: Calati et al., 2019

75 Kyung-Sook et al., 2018

76 House et al., 1988

77 Marmot & Brunner, 2005

78 Marmot, 2004

79 Marmot, 2006

80 Eine Analyse der Daten aus der Whitehall-Studie zeigt, dass die soziale Unterstützung, die ein Mensch erfährt, in statistischen Modellen einen Gutteil des Einflusses von sozioökonomischem Status auf die Sterblichkeit erklärt: Stringhini et al., 2012. Interessanterweise ist das nur für Männer der Fall, nicht aber für Frauen.

81 Holst Algren et al., 2020

82 Simmank, 28.09.2017

83 Menec et al., 2019

84 Siebter Altenbericht der Bundesregierung, S. 76

85 Marmot, 2006, eigene Übersetzung aus dem Englischen

86 Entis, 15.01.2019

87 Sripada et al., 2013

88 Cacioppo & Cacioppo, 2015

89 Twitter, 27.01.2019

90 Illouz, 2011, siehe auch: Simmank, 25.11.2019

91 Masi et al., 2011

92 Cacioppo, 12.12.2008

93 Siehe auch: Cacioppo & Patrick, 2008, S. 238 ff.

94 Grassian, 2006

95 Haney, 2003 und Simmank, 12.06.2019

96 Beutel et al., 2017

97 Schomerus et al., 2012

98 Lampert, 2018

99 Appel & Schreiner, 2015

100 Ortiz-Ospina, 2019

101 Hunt et al., 2018

102 Song et al., 2014

103 Dreitzel, 14.07.2011

104 Ortiz-Ospina, 2019

105 Ortiz-Ospina, 2019

106 Tesch-Römer et al., 2012

107 Mead, 26.01.2018

108 Beckmann, 2016

109 Deutsches Ärzteblatt, 29.10.2019

110 Beispielsweise Hobler et al., 2017 oder Samtleben, 2019

111 Friebe, Rövekamp, Wrage, 11.01.2020

112 Graeber, 2019

113 Johann Hari wurde zu Recht für die Darstellung der Psychiatrie in seinem Buch und seine Kritik an Antidepressiva kritisiert (siehe zum Beispiel Burnett, 08.01.2018).
Er vertritt einen seltsam antiquierten Dualismus, was
Psyche und Körper angeht – und wirft der Psychiatrie
vor, sie fokussiere einzig auf die körperlichen Ursachen

und negiere die sozialen Umstände komplett, unter denen Menschen psychisch krank werden. Das ist schlicht falsch. Ist man sich dessen bewusst, ist Haris Suche nach den sozialen Ursachen psychischer Krankheiten in *Lost Connections* dennoch interessant zu lesen.

114 Hari, 2018, S. 183, eigene Übersetzung aus dem Englischen

115 Wilson, 2000

116 Immerhin hat die durchschnittliche Arbeitszeit in den vergangenen Jahrzehnten bereits deutlich abgenommen, DESTATIS, 2020.

117 Putnams Analysen und vor allem seine Definition des sozialen Kapitals als die Summe aller sozialen Verbindungen einer Zivilgesellschaft waren nicht nur extrem einflussreich, sondern immer wieder auch Gegenstand scharfer Kritik. Siehe dafür zum Beispiel: Jungbauer-Gans, 2002 oder Braun, 2001

118 Putnam, 2000, S. 195 ff.

119 Ebd., S. 213 und Mattisson et al., 2015

120 Clark et al., 2019: In dieser Studie wurde die soziale Isolation nicht erfasst, sondern nur nach der subjektiven Wahrnehmung gefragt.

121 Barnes et al., 2006

122 ZEIT ONLINE, 26.04.2020

123 Luhmann & Hawkley, 2016

124 Siehe ebd., Tabelle 1

125 Schermer & Martin, 2019 und Goossens et al., 2015

126 Charta der Neurourbanistik, 2019

127 Beneker, 02.01.2020

128 Müller, 28.03.2020

129 Taylor, 15.05.2020

130 Crone, 13.04.2020

131 Huxhold & Engstler, 2019

132 Böger et al., 2016

Literatur

Adolphs, R. (2009). The Social Brain: Neural Basis of Social Knowledge. *Annual Review of Psychology.*

Alberti, F. B. (2018). This »Modern Epidemic«: Loneliness as an Emotion Cluster and a Neglected Subject in the History of Emotions. *Emotion Review.*

Appel, M., & Schreiner, C. (2014). Digitale Demenz? Mythen und wissenschaftliche Befundlage zur Auswirkung von Internetnutzung. *Psychologische Rundschau.*

Appel, M., & Schreiner, C. (2015). Leben in einer digitalen Welt: Wissenschaftliche Befundlage und problematische Fehlschlüsse. Stellungnahme zur Erwiderung von Spitzer. *Psychologische Rundschau.*

Barnes, M., Bryson, C., & Smith, R. (2006). Working atypical hours: what happens to ›family life‹? *National Centre for Social Research – Report.*

Bartens, W. (2012, September 09). Krude Theorien, populistisch montiert. *Süddeutsche Zeitung.*

Baumeister, R. F., & Leary, M. R. (1995). The need to belong: Desire for interpersonal attachments as a fundamental human motivation. *Psychological Bulletin.*

Beckmann, S. (2016). *Sorgearbeit (Care) und Gender: Expertise zum Siebten Altenbericht der Bundesregierung.*

Beneker, C. (2020, Januar 02). »Einsamkeit lässt sich überwinden«. *Ärztezeitung.*

Berkman, L. F., & Syme, L. S. (1979). Social networks, host resistance, and mortality: a nine-year follow-up study of Alameda County residents. *American Journal of Epidemiology.*

Berkman, L. F., Glass, T., Brissette, I., & Seeman, T. (2000). From social integration to health: Durkheim in the new millennium. *Social Science & Medicine.*

Beutel, M. E., Klein, E. M., Brähler, E., Reiner, I., Jünger, C., Michal, M., …, Tibubos, A. N. (2017). Loneliness in the general population: prevalence, determinants and relations to mental health. *BMC Psychiatry.*

Blazer, D. G. (1982). Social support and mortality in an elderly community population. *American Journal of Epidemiology.*

Böger, A., Wetzel, M., & Huxhold, O. (2016). Allein unter vielen oder zusammen ausgeschlossen: Einsamkeit und wahrgenommene soziale Exklusion in der zweiten Lebenshälfte. In: K. Mahne, J. K. Wolff, J. Simonson, & C. Tesch-Römer, *Altern im Wandel: Zwei Jahrzehnte Deutscher Alterssurvey (DEAS).*

Braun, S. (2001). Putnam und Bourdieu und das soziale Kapital in Deutschland. *Leviathan.*

Burnett, D. (2018, Januar 08). Is everything Johann Hari knows about depression wrong? *The Guardian.*

Cacioppo, J. (2013, September 09). YouTube: The lethality of loneliness at TEDxDesMoines.

Cacioppo, J. T. (2008, Dezember 12). Easing Your Way Out of Loneliness. *Psychology Today.*

Cacioppo, J. T., & Cacioppo, S. (2014). Social Relationships and Health: The Toxic Effects of Perceived Social Isolation. *Social and Personality Psychology Compass.*

Cacioppo, J. T., & Hawkley, L. C. (2009). Perceived Social Isolation and Cognition. *Trends in Cognitive Science.*

Cacioppo, J. T., & Patrick, W. (2008). *Loneliness.*

Cacioppo, J. T., Cacioppo, S., & Boomsma, D. I. (2014). Evolutionary Mechanisms for Loneliness. *Cognition & Emotion.*

Cacioppo, S., & Cacioppo, J. T. (2015). Why May Allopregnanolone Help Alleviate Loneliness? *Medical Hypotheses.*

Cacioppo, S., Grippo, A. J., London, S., Goossens, L., & Cacioppo, J. T. (2015). Loneliness: Clinical Import and Interventions. *Perspectives on Psychological Science.*

Calati, R., Ferrari, C., Brittner, M., Oasi, O., Olié, E., Carvalho, A. F., & Courtet, P. (2019). Suicidal thoughts and behaviors and social isolation: A narrative review of the literature. *Journal of Affective Disorders.*

Cassel, J. (1976). The contribution of the social environment to host resistance: the Fourth Wade Hampton Frost Lecture. *American Journal of Epidemiology.*

Charta der Neurourbanistik. (2019).

Clark, B., Chatterjee, K., Martin, A., & Davis, A. (2019). How commuting affects subjective wellbeing. *Transportation.*

Cobb, S. (1976). Social support as a moderator of life stress. *Psychosomatic Medicine.*

Coyle, C. E., & Dugan, E. (2012). Social Isolation, Loneliness and Health Among Older Adults. *Journal of Aging and Health.*

Crone, P. (2020, April 13). »Die Leute sind glücklich, wenn sie auf Augenhöhe spielen«. *Süddeutsche Zeitung.*

DAK (2019). *Gute Vorsätze-Studie 2020.*

DESTATIS (2020). Qualität der Arbeit. Wöchentliche Arbeitszeit (Daten des Statistisches Bundesamt).

Deutsches Ärzteblatt (2019, Oktober 29). Häusliche Pflege führt Frauen in die Altersarmut.

Dreitzel, H. P. (2011, Juli 14). Einsamkeit als Problem moderner Gesellschaften. *Neue Zürcher Zeitung.*

Dunbar, R. I., & Shultz, S. (2007). Evolution in the Social Brain. *Science.*

Eisenberger, N. I., Lieberman, M. D., & Williams, K. D. (2003). Does Rejection Hurt? An fMRI Study of Social Exclusion. *Science.*

Eisenberger, N. I., Taylor, S., Gable, S., Hilmert, C., & Lieberman, M. D. (2007). Neural pathways link social support to attenuated neuroendocrine stress responses. *Neuroimage.*

Elovainio, M., Hakulinen, C., Pulkki-Råback, L., Virtanen, M., Josefsson, K., Jokela, M., …, Kivimäki, M. (2017). Contribution of risk factors to excess mortality in isolated and lonely individuals: an analysis of data from the UK Biobank cohort study. *The Lancet Public Health.*

Entis, L. (2019, Januar 15). A Pill for Loneliness. *Medium One Zero*.

Friebe, R., Rövekamp, M., & Wrage, I. (2020, Januar 11). Was für die Vier-Tage-Woche spricht und was dagegen. *Tagesspiegel*.

Gerstel, N., & Sarkisian, N. (2006). Marriage: The Good, the Bad, and the Greedy. *Contexts*.

Goossens, L., van Roekel, E., Verhagen, M., Cacioppo, J. T., Cacioppo, S., Maes, M., & Boomsma, D. I. (2015). The genetics of loneliness: linking evolutionary theory to genome-wide genetics, epigenetics, and social science. *Perspectives on Psychological Science*.

Graeber, D. (2019). *Bullshit-Jobs. Vom wahren Sinn der Arbeit*.

Grassian, S. (2006). Psychiatric Effects of Solitary Confinement. *Washington University Journal of Law & Policy*.

Haney, C. (2003). Mental Health Issues in Long-Term Solitary and »Supermax« Confinement. *Crime & Delinquency*.

Hari, J. (2018). *Lost Connections*.

Hawkley, L. C., & Cacioppo, J. T. (2010). Loneliness Matters: A Theoretical and Empirical Review of Consequences and Mechanisms. *Annals of Behavioral Medicine*.

Hobler, D., Klenner, C., Pfahl, S., Sopp, P., & Wagner, A. (2017). Wer leistet unbezahlte Arbeit? Hausarbeit, Kindererziehung und Pflege im Geschlechtervergleich. *WSI-Report*.

Holst Algren, M., Ekholm, O., Nielsen, L., Kjær Ersbøll, A., Kronborg Bak, C., & Tanggaard Andersen, P. (2020). Social isolation, loneliness, socioeconomic status, and health-risk behaviour in deprived neighbourhoods in Denmark: A cross-sectional study. *SSM – Population Health*.

Holt-Lunstad, J. (2017). The Potential Public Health Relevance of Social Isolation and Loneliness: Prevalence, Epidemiology, and Risk Factors. *Public Policy & Aging Report*.

Holt-Lunstad, J., Smith, T. B., & Layton, J. B. (2010). Social Relationships and Mortality Risk: A Meta-Analytic Review. *PLoS Medicine*.

Holt-Lunstad, J., Smith, T. B., Baker, M., Harris, T., & Stephenson, D. (2015). Loneliness and Social Isolation as Risk Factors for Mortality: A Meta-Analytic Review. *Perspectives on Psychological Science*.

House, J. S., Landis, K. R., & Umberson, D. (1988). Social relationships and health. *Science*.

Hugendick, D. (2019, Mai 06). Nie wieder einsam. *ZEIT ONLINE*.

Hughes, M. E., Waite, L. J., Hawkley, L. C., & Cacioppo, J. T. (2004). A Short Scale for Measuring Loneliness in Large Surveys: Results From Two Population-Based Studies. *Research on Aging*.

Hunt, M. G., Marx, R., Lipson, C., & Young, J. (2018). No More FOMO: Limiting Social Media Decreases Loneliness and Depression. *Journal of Social & Clinical Psychology*.

Huxhold, O., & Engstler, H. (2019). Soziale Isolation und Einsamkeit bei Frauen und Männern im Verlauf der zweiten Lebenshälfte. In: C. Vogel, M. Wettstein, & C. Tesch-Römer, *Frauen und Männer in der zweiten Lebenshälfte*.

Illouz, E. (2011). *Die Errettung der modernen Seele*.

Jungbauer-Gans, M. (2002). Schwindet das soziale Kapital? *Soziale Welt*.

Kaplan, H., Hill, K., Lancaster, J., & Hurtado, A. M. (2000). A theory of human life history evolution: Diet, intelligence, and longevity. *Evolutionary Anthropology*.

Kristof, N. (2019, November 19). Let's Wage a War on Loneliness. *New York Times*.

Kurina, L. M., Knutson, K. L., Hawkley, L. C., Cacioppo, J. T., Lauderdale, D. S., & Ober, C. (2011). Loneliness Is Associated with Sleep Fragmentation in a Communal Society. *Sleep*.

Kyung-Sook, W., SangSoo, S., Sangjin, S., & Young-Jeon, S. (2018). Marital status integration and suicide: A meta-analysis and meta-regression. *Social Science & Medicine*.

Laage, P. (2020, Mai 07). Wo Deutschland wild und einsam ist. *Manager Magazin*.

Lampert, T. (2018). Soziale Ungleichheit der Gesundheitschancen und Krankheitsrisiken. *Aus Politik und Zeitgeschichte*.

Long, C. R., & Averill, J. R. (2003). Solitude: An Exploration of Benefits of Being Alone. *Journal of the Theory of Social Behavior*.

Luhmann, M., & Hawkley, L. C. (2016). Age differences in loneliness from late adolescence to oldest old age. *Developmental Psychology*.

Marmot, M. (2004). Status Syndrome. *Significance*.

Marmot, M. (2006). Status Syndrome. *Journal of the American Medical Association (JAMA)*.

Marmot, M. (2019, Januar 27). *Twitter*.

Marmot, M., & Brunner, E. (2005). Cohort Profile: the Whitehall II study. *International Journal of Epidemiology*.

Marquard, O. (1994). Plädoyer für die Einsamkeitsfähigkeit. In: O. Marquard, *Skepsis und Zustimmung*.

Masi, C. M., Chen, H.-Y., Hawkley, L. C., & Cacioppo, J. T. (2011). A Meta-Analysis of Interventions to Reduce Loneliness. *Personality and Social Psychology Review*.

Mattisson, K., Håkansson, C., & Jakobsson, K. (2015). Relationships Between Commuting and Social Capital Among Men and Women in Southern Sweden. *Environment and Behavior*.

Mead, R. (2018, Januar 26). What Britain's »Minister of Loneliness« Says About Brexit and the Legacy of Jo Cox. *The New Yorker*.

Mellor, D., Stokes, M., Firth, L., Hayashi, Y., & Cummins, R. (2008). Need for belonging, relationship satisfaction, loneliness, and life satisfaction. *Personality and Individual Differences*.

Menec, V. H., Newall, N. E., Mackenzie, C. S., Shooshtari, S., & Nowicki, S. (2019). Examining individual and geographic factors associated with social isolation and loneliness using Canadian Longitudinal Study on Aging (CLSA) data. *Plos One*.

Müller, H. (2020, März 28). Ein Virologe und ein Ökonom diskutieren über die Corona-Pandemie: »Die Politiker behaupten nun, Deutschland habe superschnell reagiert, aber das stimmt einfach nicht«. *Neue Zürcher Zeitung*.

Nesse, R. M. (1990). Evolutionary explanations of emotions. *Human Nature*.

Oliver, D. C. (1991). Psychological Effects of Isolation and Confinement of a Winter-Over Group at McMurdo Station, Antarctica. In: A. A. Harrison, Y. A. Clearwater, & C. P. McKay, *From Antarctica to Outer Space. Life in Isolation and Confinement*.

Ortiz-Ospina, E. (2019). *Are Facebook and other social media plat-*

forms bad for our well-being? Retrieved from Our World in Data: https://ourworldindata.org/social-media-well-being

Ortiz-Ospina, E. (2019). *Are people more likely to be lonely in so-called ›individualistic‹ societies?* Retrieved from Our World in Data: https://ourworldindata.org/lonely-not-alone

Ortiz-Ospina, E. (2019). *Is there a loneliness epidemic?* Retrieved from Our World in Data: https://ourworldindata.org/loneliness-epidemic

Ott, K.-H. (2017, September 20). Heroisch zelebriert der Dichter Henry David Thoreau seine Einsamkeit. *Neue Zürcher Zeitung.*

Putnam, R. (2000). *Bowling Alone.*

Richerson, P. J., & Boyd, R. (1998). The Evolution of Human Ultra-sociality. In: I. Eibl-Eibisfeldt & F. Salter, *Ideology, Warfare, and Indoctrinability.*

Rico-Uribe, L. A., Caballero, F. F., Martín-María, N., Cabello, M., Ayuso-Mateos, J. L., & Miret, M. (2018). Association of loneliness with all-cause mortality: A meta-analysis. *Plos One.*

Salamun, K. (2006 (2. Auflage)). *Karl Jaspers.*

Samtleben, C. (2019). Auch an erwerbsfreien Tagen erledigen Frauen einen Großteil der Hausarbeit und Kinderbetreuung. *DIW Wochenbericht.*

Schellhammer, B. (2018). Eine phänomenologische Annäherung an die Erfahrung der Einsamkeit. *Internationale Zeitschrift für Philosophie und Psychosomatik.*

Schermer, J. A., & Martin, N. G. (2019). A behavior genetic analysis of personality and loneliness. *Journal of Research in Personality.*

Schomerus, G., Schwahn, C., Holzinger, A., Corrigan, P. W., Grabe, H. J., Carta, M. G., & Angermeyer, M. C. (2012). Evolution of public attitudes about mental illness: a systematic review and meta-analysis. *Acta Psychiatrica Scandinavica.*

Schumacher, E. (2019, Oktober 17). Berlin, capital of loneliness. *Deutsche Welle.*

Seepersad, S. (2014, April 30). Treating Loneliness: It's More Than Just Meeting Others. *Psychology Today.*

Siebter Altenbericht der Bundesregierung. (2017 (2. Auflage)).

Silk, J. B., Beehner, J. C., Bergman, T. J., Crockford, C., Engh, A. L., Moscovice, L. R., ..., Cheney, D. L. (2009). The benefits of social capital: close social bonds among female baboons enhance offspring survival. *Proceedings of the Royal Society B: Biological Sciences.*

Simmank, J. (2017, September 28). Die Lüge vom guten Altwerden. *taz. die tageszeitung.*

Simmank, J. (2019, April 19). »Ich hatte ständig Angst, morgens nicht wieder aufzuwachen«. *ZEIT ONLINE.*

Simmank, J. (2019, Juni 12). Assanges sieben lange Jahre. *ZEIT ONLINE.*

Simmank, J. (2019, August 12). »Plötzlich war ich in der Psychiatrie«. *ZEIT ONLINE.*

Simmank, J. (2019, November 25). Generation Psychotherapie. *ZEIT ONLINE.*

Song, H., Zmyslinski-Seelig, A., Kim, J., Drent, A., Victor, A., Omori, K., & Allen, M. (2014). Does Facebook make you lonely?: A meta analysis. *Computers in Human Behavior.*

Spiewak, M. (2012, September 06). Macht uns der Computer dumm? *DIE ZEIT.*

Sripada, R. K., Marx, C. E., King, A. P., Rampton, J. C., Ho, S., & Liberzon, I. (2013). Allopregnanolone Elevations Following Pregnenolone Administration are Associated with Enhanced Activation of Emotion Regulation Neurocircuits. *Biological Psychiatry.*

Steptoe, A., Owen, N., Kunz-Ebrecht, S. R., & Brydon, L. (2004). Loneliness and neuroendocrine, cardiovascular, and inflammatory stress responses in middle-aged men and women. *Psychoneuroendocrinology.*

Stremmel, J. (2018, Mai 08). Über einen, der aus Ängsten Geld macht. *Süddeutsche Zeitung.*

Stringhini, S., Berkman, L., Dugravot, A., Ferrie, J. E., Marmot, M., Kivimaki, M., & Singh-Manoux, A. (2012). Socioeconomic status, structural and functional measures of social support, and mortality: The British Whitehall II Cohort Study, 1985–2009. *American Journal of Epidemiology.*

Svendsen, L. (2017). *A Philosophy of Loneliness.*

Taylor, M. (2020, Mai 15). Large areas of London to be made car-free as lockdown eased. *The Guardian.*

Tesch-Römer, C., Wiest, M., Wurm, S., & Huxhold, O. (2013). Einsamkeitstrends in der zweiten Lebenshälfte. Befunde aus dem Deutschen Alterssurvey (DEAS). *Zeitschrift für Gerontologie und Geriatrie.*

Thoreau, H. D. (2004). *Walden and Other Writings.*

UK Government (2018). PM launches Government's first loneliness strategy.

Vu, V., & Meyer, J. (2020, Mai 13). Die Gutgelaunten. *ZEIT ONLINE.*

Wilson, J. (2000). Volunteering. *Annual Review of Sociology.*

Yeginsu, C. (2019, Mai 13). »This is all we can afford«: Shrinking Lives in the English Countryside. *New York Times.*

ZEIT ONLINE (2018, Januar 19). Politiker fordern Maßnahmen gegen Einsamkeit.

ZEIT ONLINE (2020, April 26). Recht auf Homeoffice auch nach Corona.

Dank

Im April 2018 schrieb ich für *ZEIT ONLINE* einen Artikel mit dem Titel *Einsamkeit – eine tückische Trenddiagnose.* Der Text war der Ausgangspunkt für dieses Buch. Mein Dank gilt deshalb meinen Kolleginnen und Kollegen bei *ZEIT ONLINE,* insbesondere meiner Ressortleitung, Dagny Lüdemann und Sven Stockrahm, die stets versucht haben, mir Raum zu geben, wo ich ihn brauchte, und David Hugendick, der beim Entstehen des Artikels durch seine fundierten Anregungen eine große Rolle gespielt hat – und der ohnehin viel mehr über die Einsamkeit weiß als ich.

Auch den klugen Teilnehmern der *Siggener Begegnungen,* bei denen ich 2019 meine Gedanken zur Einsamkeit ausbreiten durfte, gilt mein Dank, allen voran den Organisatoren, namentlich dem Ehepaar Wenzler und der Alfred-Toepfer-Stiftung.

Es gibt drei Menschen, ohne die dieses Buch wohl nie zustande gekommen wäre: Moritz Müller-Schwefe, auf dessen Initiative es zurückgeht; meine Lektorin Urte Schröder, die mich dabei unterstützt hat, an entscheidenden Stellen meine Gedanken zu sortieren; und mein Literaturagent Ernst Piper, der mir geholfen hat, mich in einer mir unbekannten Welt zurecht zu finden.

Und zuletzt danke ich meinen Freunden und meinen beiden Familien für ihre Unterstützung. Mein größter Dank aber gilt meiner Partnerin Julia, die mich bei der Entstehung des Buches auf allen denkbaren Wegen unterstützt hat.

Jakob Simmank, geboren 1988, hat in Hamburg, Leipzig und Buenos Aires Medizin studiert und am Max-Planck-Institut für Neurowissenschaften promoviert, bevor er sich dem Schreiben widmete. Nach Stationen bei der *Frankfurter Allgemeinen Sonntagszeitung* und dem Magazin *ZEIT Wissen* absolvierte er ein Wissenschaftsvolontariat bei *ZEIT ONLINE*, wo er seit Januar 2018 Redakteur ist. Mit dem Thema der Einsamkeit beschäftigt er sich bereits seit mehreren Jahren intensiv.

Noch nie waren wir so frei wie heute. Noch nie war unsere Freiheit in so großer Gefahr.